ビジネスリーダーのための

老子「道徳経」講義

東洋思想研究家
田口佳史

致知出版社

はじめに

◉私と「老子」の出合い、そして長い付き合い

私は二十五才の時、記録映画の監督として、タイ国バンコク市郊外の田園地帯の真ん中にいた。

そこで私は、突然巨大な水牛二頭に襲われ、内臓も飛び出す重傷を負って、病院に担ぎ込まれた。

生死の境を行ったり来たりする日々が続いた。

やがて微《かす》かに行き先に、一点の光明が見えて来た頃、「老子」と出合ったのだ。

在留邦人の方が差し入れてくれた書物の中にあった。

この難解な本が、心に沁《し》み入るように理解された。

剝《む》き出しになった私の魂と老子の魂とが、真剣勝負で出合ったのかもしれない。

それから五十年、私は「老子」を読み続けた。

「老子」にどれほど助けられたかしれない。

真っ先に助けられたのは、死の恐怖に、身も凍《こご》えるほどに落ち込んでいた私に、死とは何かを教えてくれた事に始まる。

「老子」はこういうのだ。

全ての物（万物）は、そもそも宇宙の根源「道」に住んでいる。

ある日その故郷《ふるさと》を出てこの世に生まれ出る。いわば旅行に出るのだ。

人生という旅は「道」から出てそのまま遠ざかる。やがて折返し地点が来る。そこで折返して、今度は「道」に向って進んで行く。

やがてまた「道」に入って帰る。それをこの世では死という。

何だ、と思った。死ぬとは故郷の母の元に帰る事なんだ。この世に未練はあるが、故郷に帰るんだから、そんなに悪い事ではない。

死の恐怖が半減した事はいうまでもない。

その日から恐怖なく眠れた。そのお陰で随分回復が早まったように思う。

その後、夢にまで見た帰国を果《は》たし、更に退院するまでには、多くの難題が待ち受けていたが、それも「老子」が助けてくれた。

社会復帰の時になり、三十才の時起業して会社を立ち上げて二十年、五十才まで、悪戦苦闘の日々の連続に見舞われたが、この間も励まし続けてくれたのは「老子」であった。

五十才になって、それまでの業種から「中国古典」の講義によるリーダー育成に業態を完全に転換した。その時改めて「生きる指針」つまり座右の銘を求められた。

惑《まど》う事なく選んだのは、「老子」からの言葉であった。

「足るを知る者は富（知足者富）」

感謝の気持《きもち》をもって生きようという事だ。

ここまで来るまでにも、随分助けてもらった言葉だ。

忘れない為、しっかりと身に付ける為には、いつも口に出して言い続ける必要がある。何か良い方法はないものかと考えた。

ちょうどその時犬を飼う事になった。

そうだと思って、その柴犬の名前を「富《とむ》」にした。

こうしておけば、いつも犬を呼ぶ。その度《たび》に座右の銘を思い出す事になる。

もっと言えば、「こんな可愛い犬がいるのに、他に何を望もうというのか」と私欲も半減する。

二十年経ったいま考えてもこれは大成功であった。その後「富《とむ》」は十七年間生きてくれて今年（二〇十六年）二月に「道」に帰って行った。

六十才からは、誠に「老子」のお陰で愉快な人生を暮している。年を取るほど益々《ますます》愉快になる。

その秘訣も「老子」に教えられた。

それを少々披瀝《ひれき》しよう。

◉「老子」を読んでもらいたい人

私は本来次の様《よう》な人間であった。

取るに足らない事にも気を遣《つか》うタイプ。何時も悩みを抱えて、心が重い日々を過ごしている人間だった。

だから常に気が休まる暇がない。四六時中何かを心配して生きていた。

勿論私には良い所も沢山《たくさん》あったが、むしろ欠点の方が何倍も多いような人間であったと思う。

そんな私がいま気になってしょうがないのは、こういう昔の自分と同じようなタイプの人が、悩み深く生きている姿だ。

根が善人だからこそ、真面目だからこそ損をしている人が、とても多いように思えるのだ。

それは昔の自分を見るようで黙って見過ごせない感じがする。

私は「老子」を含めて中国古典に助けられた。そのお陰でほんとうの満足いく人生、愉快な人生、あるいは人生の醍醐味を、いま味わう事が出来ている。

これを一人でも多くの人に伝えたい。

伝えて、余計な苦労、避けられる悩み事から逃れてほしいのだ。

そんな気持で暮すのでは人生がもったいない。

何故なら人生とは、楽しむ為にある。

感動し、感謝する為にあるのだ。

是非この事を知って欲しいのだ。

◉いま何故「老子」か

人生は実に難しい。

一寸先は闇だ。何が起きるか解《わか》らない。

更に、良いと思ってやった事が、終ってみれば、悪い事になっているなど、しょっちゅうの事だ。

信じて付いて来た人に、突然裏切られたり、何気無く吐いた一言で、長年の親友を失ったりする事だってある。

この世って、一体何なのだ。どうなっているんだ。

とても私などの手に負えるものではない。

何か最良の生き方を伝授してくれる人はいないものか。

誰に聞くのが一番良いのだろう。

当り前のことだが、この世を造った張本人に聞くのが一番良いのに決まっている。

何故なら、物ごとには造り手の意図が、あらゆるところに行き届いているものだ。こうして使ってほしいとか、この様に動かしてくれればとかいう願い、つまりこれがそのもの事を旨く使ったり、動かしたりする秘訣なのだが、これが籠《こ》められているものなのだ。

そうだ！　その産みの親に聞いてみよう。

ところで、この世の産みの親って、一体誰なんだ。

「道《みち》」だ。

「道」がこの宇宙を造り、天と地を造り、万物、この世に存在する全てを造ったのだ。

私もあなたも、道が造った。いわば道こそが、真の母親と言えるのだ。

だから、この世の生き方、円滑に順調に愉快に生きる生き方こそ、道に聞くべきなのだ。

「老子」という途轍も無く広く深い大きな人物が、この宇宙の根源である道と対話を繰り返して、道が願う最も円滑に順調に愉快に生きる生き方を示したのが、この「老子『道徳経』」という書物なのだ。


そうだ。老子の紹介をしておかなくてはならない。

ところが大したことは解っていない。司馬遷の『史記』には次の様に書いてある。

「老子は楚の国の苦県《こ》の厲郷《らいきょう》の曲仁里の人。名は耳《じ》、字は聃《たん》、姓は李氏」

(というから老子の本名は、李耳ということになる)

「周の国の守蔵室の史なり。」(図書館の司書のようなものだ)

そこで孔子が老子に会いに行ったエピソードが語られている。要点だけ記せば、そこで老子は孔子をこっぴどく叱るのである。

「子の驕気と多欲と、態色と淫志《いんし》とを去れ」(君の人より優秀になろうという気持と、何んでもやってやろうという欲張りなところ、威厳を示そうとするその姿勢と顔つき、人に上まわろうといういやらしい志を、すぐに排除せよ)

そういわれた孔子は弟子に語るのだ。

「老子という人はまるで龍の様な人であった」

この〝龍の様〟というところが実によく老子を表していると思うのだ。言わんとするところは、今までの常識ではとても捉えられない人だった、というのである。

その老子が周を去り、県境の函谷関にやって来た時に関所の役人であった尹喜《いんき》の要望で、しばらく滞在して著したのが、この『道徳経』といわれている。

きっと老子は、常日頃、宇宙の根源「道」に、より良く生きるその秘訣を問い続けて来た人なのだろう。

その精髄をシンプルな章句にまとめ、書いたのだ。

難解といわれている。

それは、現代社会の通俗的にいわれている常識を基準に読むからだ。

何しろ二千五百年前の、しかも人生の達人が、「道」という宇宙の根源と対話して、はじめて明確に摑《つか》み取った人生の要諦なのだ。

簡単な訳はない。

しかし、読み進むうちに気付く事だろう。こんな生きる根本の核心をずばりといっている言葉はない。

この「老子」が少しでも皆さんのより良い人生、愉快な人生を築く助けになる事を心から祈っている。

ビジネスリーダーのための老子「道徳経」講義――目次

底本には『新釈漢文大系7　老子　荘子　上』（明治書院／一九六六年）を使用しました。なお、漢字の読み仮名は、現代仮名遣いに改めました。

ビジネスリーダーのための老子「道徳経」講義

體道第一

道《みち》の道《みち》とす可《べ》きは常道《じょうどう》に非《あら》ず。名《な》の名《な》とす可《べ》きは常名《じょうみょう》に非《あら》ず。名《な》無《な》し、天地《てんち》の始《はじめ》には。名《な》有《あ》れ、萬物《ばんぶつ》の母《はは》にこそ。故《ゆえ》に常無《じょうむ》は以《もっ》て其の妙《みょう》を觀《み》んと欲《ほっ》し、常有《じょうう》は以《もっ》て其《そ》の徼《きょう》を觀《み》んと欲《ほっ》す。此《こ》の兩者《りょうしゃ》同《おな》じきより出《い》でて名《な》を異《こと》にす。同《おな》じきもの之《これ》を玄《げん》と謂《い》ふ。玄《げん》の又玄《またげん》、衆妙《しゅうみょう》の門《もん》。

道《みち》の道《みち》とす可《べ》きは常道《じょうどう》に非《あら》ず。

宇宙の根源、産みの母親「道」の生き方を手本に生きる事こそ、もっといえば、そっくりそのままに生きる事が、人生を円滑に順調に愉快に生きる秘訣なのだ。

それでは道を学ぼう。

ところが、何と厄介な事に、「道とは……」と言葉でいった途端に、それはほんとうの道ではない。「これが道です」といえるような道は恒常不変、真の道ではないといっているのだ。

よくよく考えてご覧なさい。生まれながらに目がご不自由な盲人に、という事は、それを一回も見た事のない人に、目の前にあるペットボトル一つにしてからが、その人がありありと実態を頭に思い浮かべる様に言葉で説明するのは、至難の業だ。

言葉には限界がある。

論理というものにも限界があるのだ。

ではどうするか。

そうだ。触《さわ》ってみる事だ。そのものを実感、体得する事だ。

したがって道も、言葉で、頭で、理屈で理解しようとすると限界がある。

実感し、体得する事が何よりも大切なのだ。道は、体得するもの。だから章の名前も体道第一となっている。

そう言われれば我々現代人は、何と言葉や理屈、論理を頼りにしている事か。

それで互いにすっかり解ったように思い込んでいる。恐ろしい事だ。

だがしかし、この本も同様に、言葉で語るしかないのだ。言葉を連ねて説明するしかない。

ここをよくよく身に沁《し》みて思い、語り、聞き、書き、読む事が必要だと言っているのだ。

もっと言えば、ほんとうに凄いものに出会った時には、「言葉にならない」ものだ。

だから「言葉を超えた言葉」にこそ、極め付きの言葉、「至言」がある。

過度に言葉を頼り、理屈を頼りに生きている現代人に対する老子からの警告だ。

もう一つ、「現場重視」という事も言っている。伝聞や又聞き、データや統計だけでものの事の実態を判断してはならない。何事も、現場に行く事だ。そして感じる事だ。これが重要なのだ。

名《な》の名《な》とす可《べ》きは常名《じょうみょう》に非《あら》ず。

名前というものも信用しすぎてはいけないといっている。

有名、名声があるからといって、信用できる人とは限らない。

要はその人の中身だ。

有名でもなく、名声も無い人でも、人間として立派な人物は沢山いる。もうそろそろ有名なだけで国会議員や知事や市長に当選する風潮にストップをかけないと、国家そのものが危うくなる。無名であっても、その人の訴える政策や考え、それ等を通して感じる人格や教養、つまりその人の中身で選ぶべきだ。

更に「肩書」でその人を判断することも危険な事だ。肩書が泣くような人格の持ち主も、世間には多いものだ。

名無《なな》し、天地《てんち》の始《はじめ》には。名有《なあ》れ、萬物《ばんぶつ》の母《はは》にこそ。

名前など天地の産まれる最初には無かった。名前が必要となったのは、この天と地の間に万物がどんどん産み出されて来てからの事。名前でも付けておかなければ、収拾がつかなくなったからだ。

名前とはそんなもので、一種の符号にすぎない。だから名前などに惑わされてはならない。

故《ゆえ》に常無《じょうむ》は以《もっ》て其の妙《みょう》を観《み》んと欲《ほっ》し、常有《じょうう》は以《もっ》て其《そ》の徼《きょう》を観《み》んと欲《ほっ》す。此《こ》の兩《りょう》者《しゃ》同《おな》じきより出《い》でて名《な》を異《こと》にす。

人間には二つの心がある。清く澄み切った「妙」の心と、歓楽街の雑踏の様な、欲のごった煮の様な「徼」の心だ。欲を無くした時は、妙が観える。欲の塊《かたまり》になっている時には、徼が観える。妙とは、人間の妙《たえ》なる霊妙な部分。徼とは人間の醜い、見苦しい部分。両方あって初めて人間なのだ。両方をよく知り、両方あるのが人間である事もよく知って生きる事だ。

何故なら両者は同根、同じ玄、つまり道から生じているものなのだ。

同《おな》じきもの之《これ》を玄《げん》と謂《い》ふ。玄《げん》の又玄《またげん》、衆妙《しゅうみょう》の門《もん》。

この世の多種多様、異なった様々なものは、一つところ、つまり「道」が産み出している。それを「玄」という。それは微妙で微《かす》かなものまで産み出している。

「玄」とは黒い。対するは「素」、しろいという。紡ぎたてのまだ白い糸を素といい、強化の為「藍」などで染められた黒い糸を玄という。「プロフェッショナル」を日本語で何というか。「玄人《くろうと》」という。何故か。玄はくろいという意味が変化し、やがて「暗い」という意味になる。したがってプロフェッショナル、玄人とは、「暗い所が見える人」。暗い所とは何か。肉眼で見えない所。明日や離れた所や人の心をいう。

言葉には限界がある。新聞やテレビやメールの言葉に頼っていてはいけない。
それより現場に足を運び自分の眼で見て、耳で聞いて、
鼻で嗅ぐこと、触ってみる事だ。
体験して体得することでしか、〝ほんとう〟は摑めない。
だからこそ、言葉を慎重に大事に扱うべきなのだ。

養身第二

天下《てんか》皆《みな》美《び》の美《び》たるを知《し》る、斯《こ》れ惡《あく》のみ。皆《みな》善《ぜん》の善《ぜん》たるを知《し》る、斯《こ》れ不善《ふぜん》のみ。」

有無《うむ》相生《あいしょう》じ、難易《なんい》相成《あいな》し、長短《ちょうたん》相形《あいけい》し、高下《こうげ》相傾《あいかたむ》け、音聲《おんせい》相和《あいわ》し、前後《ぜんご》相隨《あいしたが》ふ。」是《ここ》を以《もっ》て聖人《せいじん》無爲《むい》の事《こと》に處《お》り、不言《ふげん》の敎《おしえ》を行《おこな》ふ。萬物《ばんぶつ》作《おこ》りて辭《じ》せず。生《しょう》じて有《ゆう》せず。爲《な》して恃《たの》まず。功成《こうな》りて居《お》らず。夫《そ》れ唯《ただ》居《お》らず。是《ここ》を以《もっ》て去《さ》らず。

天下《てんか》皆《みな》美《び》の美《び》たるを知《し》る、斯《こ》れ悪《あく》のみ。皆《みな》善《ぜん》の善《ぜん》たるを知《し》る、斯《こ》れ不善《ふぜん》のみ。

世の人は、咲き誇る花を見て、「何と美しいのだ」という。しかし、それは醜《みにく》いものとの対比でいっているのではないか。善と悪もそれと同じ。悪と対比して善といっているのではないか。比較し、相対して観るのは、そのものの真の姿を見落してしまいがちだ。この世の自然には一つとして同じものはない。松林の松の木は無数にあるが、同じ枝振りは一つもない。この様にみんな個性に富んでいる。

有無《うむ》相生《あいしょう》じ、難易《なんい》相成《あいな》し、長短《ちょうたん》相形《あいけい》し、高下《こうげ》相傾《あいかたむ》け、音聲《おんせい》相和《あいわ》し、前後《ぜんご》相随《あいしたが》ふ。

人は何事も他と比較して相対的に見がちだが、これこそ心を悩ます原因となる。有るか、無いか。自分ぐらい金も財産も無い人間はいない。一生働いてこの体《てい》たらく。情け無い、と思っていたら、何ともっと無い人がいる。自分も結構やるじゃないか、とにんまりしている私がいる。何と情け無い。他人との比較で一喜一憂などするな。

難しいか、易しいかも同じ事。こんな難しい仕事はできません、というから、それではこれをと、違う仕事を与える。するとこんな難しいのはできません。前のに替えて下さいという。いつも何かと比べて見ているとこんな事になってしまう。長いか、短いか。高いか、低いか。大きな音か、小さな声か。前か、後《うしろ》か。比較して見ないで、独立したものとしてそのもの自体の良さを見付け出すようにする。すると、心の悩みも半減する。

是《ここ》を以《もっ》て聖人《せいじん》無爲《むい》の事《こと》に處《お》り、不言《ふげん》の教《おしえ》を行《おこな》ふ。

上手《じょうず》に暮している人は、作為的に優劣をつける様な人為的な見方をしない。これが無為だ。人為的な見方から発する言葉も発言せず、不言の教えを行うだけ。その人、そのもの、そのこと、そして自分には、他に無い良さがちゃんとある。その人だけ、その人ならではの良さ。そのもの、その事だけ、自分にしかない良さ。そこを見て暮すのだ。

無爲《むい》

とかく人は、もの事を作為的に人為的に何とか私利私欲に結び付けられないかと捉えて、自分の都合のいい様に作為的に人為的に処理しようとする。恐ろしい事だ。何故なら人為を一つの言葉にすると「偽《にせ》」になる。何故なら人為に過ぎればすぎるほど最も大切なそのものの本質と離れて行くからだ。だから、作為や人為を考えない無為を大切にする事だ。

萬物《ばんぶつ》作《おこ》りて辭《じ》せず。

「道」はこの世の全て、つまり万物を産み出しているのに、一言も自分が産んでいる事を言わない。これが道の精神だ。たとえ自分が作ったとはいえ、それを自慢気に言いふらすのは、作ったものさえ台無しにする。

生《しょう》じて有《ゆう》せず。爲《な》して恃《たの》まず。功成《こうな》りて居《お》らず。夫《そ》れ唯居《ただお》らず。是《ここ》を以《もっ》て去《さ》らず。

「道」は自分が産んだものも自分の所有としない。この「道」の精神で生きてる人は、産み出したものごとを恃《たの》みにしない。産み出したことによって得られる社会的地位にもいつまでも居ようとしない。居ようとしないからこそ、その功績は去らない。何故居ようとしないのか。それは既に終ったことで、そこには真の喜びはない。向うべきは次の挑戦だ。こうして生きれば意欲が去らない。

この世のもの事は、それ独自の個性をもって存在している。
その善《よ》し悪《あ》しが見抜けないのは、自分の都合ばかりで見るからだ。
人を見る時は尚更《なおさら》だ。
A君に比《くら》べてB君は——と比較して見ては、その人独自の素晴しさは見えない。

安民第三

賢《けん》を尚《たっと》ばざれば、民《たみ》をして争《あらそ》はざらしむ。得難《えがた》きの貨《か》を貴《たっと》ばざれば、民《たみ》をして盗《とう》を爲《な》さざらしむ。欲《ほっ》す可《べ》きを見《しめ》さざれば、民《たみ》の心《こころ》をして亂《みだ》れざらしむ。是《ここ》を以《もっ》て聖人《せいじん》の治《おさ》むるや、其《そ》の心《こころ》を虚《むな》しくして、其《そ》の腹《はら》を實《みた》し、其《そ》の志《こころざし》を弱《よわ》くして、其《そ》の骨《ほね》を強《つよ》くし、常《つね》に民《たみ》をして無知《むち》無欲《むよく》ならしめ、夫《か》の智者《ちしゃ》をして敢《あえ》て爲《な》さざらしむ。無爲《むい》を爲《な》せば、則《すなわ》ち治《おさ》まらざる無《な》し。

賢《けん》を尙《たっと》ばざれば、民《たみ》をして争《あらそ》はざらしむ。

頭の良さばかりを過大に誉めそやしていると、民はいつも周囲の人々とそれを争っていなければならなくなる。頭脳の勝負ばかりが世の中ではない。それはやがて実質や実態と離れたきれい事の世界になってしまう。むしろ実生活に欠かせない、誰もが嫌がるゴミや糞尿の世話をしている人の方が、余程尊いことをしていることを忘れてはならない。

得難《えがた》きの貨《か》を貴《たっと》ばざれば、民《たみ》をして盗《とう》を爲《な》さざらしむ。

身分不相応な暮しを奨励するような世の中では、自分の収入では買えないものばかりが欲しくなるから、どうしても盗みが多くなる。

欲《ほっ》す可《べ》きを見《しめ》さざれば、民《たみ》の心《こころ》をして亂《みだ》れざらしむ。

その人が欲しがる物品を目の前にぶら下げて、やる気を起こさせるような風潮は、常に人の心を落着かなくするばかりか、人の尊厳を傷つける無礼な行爲だ。

是《ここ》を以《もっ》て聖人《せいじん》の治《おさ》むるや、其《そ》の心《こころ》を虚《むな》しくして、其《そ》の腹《はら》を實《みた》し、其《そ》の志《こころざし》を弱《よわ》くして、其《そ》の骨《ほね》を強《つよ》くし、常《つね》に民《たみ》をして無知無欲《むちむよく》ならしめ、夫《か》の智者《ちしゃ》をして敢《あえ》て爲《な》さざらしむ。

「道」の精神で生きる人は、妙な思惑を捨てて実質的な生活を重んじるから、身体を健康に保つ事を第一義に考え、心を乱す欲望を捨てて感謝の心を大切に生きる。

虚栄心や不当な欲望を素晴しいことの様に吹聴する口先人間を認めない。

無爲《むい》を爲《な》せば、則《すなわ》ち治《おさ》まらざる無《な》し。

「無爲を爲す」とは何か。一部の既成概念と余計な感情を排除して、真っ白い心になり、相手と対面し、全身を耳にしてよくよく相手の言いたい本心を聞き出し、それに応《こた》えてあげる事だ。すべてに対してこうした姿勢を貫いて行えば、治まらない事はなくなる。

上辺《うわべ》のカッコいい生活は、やがて行き詰まるものだ。
いざとなったら、そんなものは吹けば飛ぶような存在になる。
究極の大切にするべきものを大切にすることだ。
それは、実質的な暮しで、それは実力から得られる。

無源第四

道《みち》は冲《ちゅう》にして之《これ》を用《もち》ふるも、或《ひさ》しく盈《み》たず。淵《えん》として萬《ばん》物《ぶつ》の宗《そう》に似《に》たり。」其《そ》の鋭《えい》を挫《くじ》き、其《そ》の紛《ふん》を解《と》く。其《そ》の光《ひかり》を和《やわら》げ、其《そ》の塵《ちり》に同《どう》ず。」湛《たん》として存《そん》する或《あ》るに似たり。吾《われ》、誰《たれ》の子《こ》たるを知《し》らず。帝《てい》の先《せん》に象《に》たり。

道《みち》は沖《ちゅう》にして之《これ》を用《もち》ふるも、或《ひさ》しく盈《み》たず。淵《えん》として萬物《ばんぶつ》の宗《そう》に似《に》たり。

「道」は空洞のようにいつもからっぽだから、いくら使用しても使えなくなることがない。いつまでも一杯になることがないから、永遠に万物を産み続けられる。それでこそ万物の源泉でいられるのだ。

人は、腹一杯になった途端に、動けなくなる。心が心配事で一杯になった途端に、他の事が考えられなくなる。一杯になると機能停止になる。心も腹もからっぽこそ自由に働ける状態なのだ。

其《そ》の鋭《えい》を挫《くじ》き、其《そ》の紛《ふん》を解《と》く。其《そ》の光《ひかり》を和《やわら》げ、其《そ》の塵《ちり》に同《どう》ず。

鋭い事は良い事ばかりではない。つい他人《ひと》と争い事になる。鋭さは隠しておく事だ。能力の高いことは良い事ばかりではない。つい他人《ひと》と競う事になる。目立つことなく普通にしておく事だ。これを「和光同塵《わこうどうじん》」という。

湛《たん》として存《そん》する或《あ》るに似たり。吾《われ》、誰《たれ》の子《こ》たるを知《し》らず。帝《てい》の先《せん》に象《に》たり。

「道」は水が深くたたえられた淵のように、奥深くて中身がよく解らない。確かに何かはあるが、それが何か。何から生じたものかも解らない。誰の子かも解らない。天帝の前に既に存在したものの様に思える。

大人物とは深沈厚重、計り知れない大きさと深さを持つ人間だ。

そんな人間っているだろうか、と考えて見た。

あの勝海舟の『氷川清話』の次の件《くだり》を思い出した。

『(坂本竜馬が勝の使いで西郷南洲に会いに行って)坂本が薩摩からかえってきて言うには、「なるほど西郷という奴は、わからぬ奴だ。少しく叩けば少しく響き、大きく叩けば大きく響く。もし馬鹿なら大きな馬鹿で、利口なら大きな利口だろう」といったが、坂本もなかなか鑑識のある奴だヨ。西郷に及ぶことの出来ないのは、その大胆識と大誠意とにあるのだ』

少々頭が良いから、仕事が出来るからといって、そんなもの〝ひけらかす〟から、
皆に嫌われるんだ。
孤立して寂しく暮していている姿なんか、苦労して育ててくれた親には見せられない。

虚用第五

天地《てんち》不仁《ふじん》、萬物《ばんぶつ》を以《もっ》て芻狗《すうく》と爲《な》す。聖人不仁《せいじんふじん》、百姓《ひゃくせい》を以《もっ》て芻狗《すうく》と爲《な》す。」天地《てんち》の間《かん》、其《そ》れ猶《な》ほ槖籥《たくやく》のごときか。虚《きょ》にして屈《つ》きず、動《うご》いて愈《いよいよ》、出《い》づ。」多言《たげん》は數《しばしば》、窮《きゅう》す。中《ちゅう》を守《まも》るに如《し》かず。

天地《てんち》不仁《ふじん》、萬物《ばんぶつ》を以《もっ》て芻狗《すうく》と爲《な》す。聖人《せいじん》不仁《ふじん》、百姓《ひゃくせい》を以《もっ》て芻狗《すうく》と爲《な》す。

天地には特別な愛情がない。万物を一様に同一な視点で見る。まるで芻狗、祭礼用の藁《わら》で作った犬でも扱う様に、役目が済んだら捨ててしまう。特別な感情を持たないのだ。立派な人物も同様に、部下を好き嫌いで区分して依怙贔屓《えこひいき》をしたりなどしないものだ。部下は皆役目を果してくれているだけの存在と見る。

天地《てんち》の間《かん》、其《そ》れ猶《な》ほ橐籥《たくやく》のごときか。虚《きょ》にして屈《つ》きず、動《うご》いて愈ゝ《いよいよ》出づ。

「道」の働きは、橐籥《たくやく》（ふいご）が風を吹き出し続ける様に、次から次と万物を産み続けている。それはからっぽだからこそ出来ることだ。特別の作為も人為も妙な目算も目論見も無い虚心、からっぽの心を保つ事こそが、精力的な活動の源泉なのだ。

多言《たげん》は數ゝ《しばしば》窮《きゅう》す。中《ちゅう》を守《まも》るに如《し》かず。

口数の多い多弁は、たびたび自分を危うい状態に陥《おとしい》れるものだ。心をからっぽに保つと何も思わなくなる。だから何もいうことがなくなる。自然と無口になる。

上に立つ者は、下の者に愛情をかけてやれとよくいう。
しかしそれは、自分に従い服す者だけにした途端に、依怙贔屓になるのだ。

成象第六

谷神死《こくしんし》せず、是《これ》を玄牝《げんぴん》と謂《い》ふ。玄牝《げんぴん》の門《もん》、是《これ》を天地《てんち》の根《こん》と謂《い》ふ。綿綿《めんめん》として存《そん》するが若《ごと》く、之《これ》を用《もち》ふれども勤《つか》れず。

谷神《こくしん》死《し》せず、是《これ》を玄牝《げんぴん》と謂《い》ふ。

「道」には色々な名前があるが、「谷神」もその一つ。谷の神は様々なものを産み出している。その働きが「道」に似ているから、谷神といっている。その谷神も、もう一つ「玄牝」という名前を持つ。微妙でしかも力強い女性の働きこそ出産。それは天地万物を産み出す玄妙な働きと同様、不死不滅なものだ。

玄牝《げんぴん》の門《もん》、是《これ》を天地《てんち》の根《こん》と謂《い》ふ。綿綿《めんめん》として存《そん》するが若《ごと》く、之《これ》を用《もち》ふれども勤《つか》れず。

この玄牝の門こそが、天と地から成るこの世を産み出した根源である。女性は男性に比べ腕力や体力は弱いが、耐久力や頑張る力は、いざとなると余程上廻るものがある。頑強よりは柔弱の方が強いともいえる。ものを産み続けるが疲れる事はない。

結局人生は何を生み出し続けるかだ。

「道」に倣《なら》って、綿綿と生み出す事だ。

しかしその人生自体が〝他に無い価値〟で、その人ならではの生み出した価値ともいえる。

宇宙の根源である「道」は、もうどれだけのものを産み続けているのか。
いまだに少しの衰えも、疲れもない。
「道」を手本として生きる事だ。

韜光第七

天《てん》は長《なが》く地《ち》は久《ひさ》し。天地《てんち》の能《よ》く長《なが》く且《か》つ久《ひさ》しき所以《ゆえん》の者《もの》は、其《そ》の自《みずか》ら生《い》きんとせざるを以《もっ》てなり。故《ゆえ》に能《よ》く長久《ちょうきゅう》なり。」是《ここ》を以《もっ》て聖人《せいじん》は其《そ》の身《み》を後《あと》にして身先《みさき》んじ、其《そ》の身《み》を外《そと》にして身存《みそん》す。其《そ》の私《わたくし》無《な》きを以《もっ》てに非《あら》ずや。故《ゆえ》に能《よ》く其《そ》の私《わたくし》を成《な》す。

天《てん》は長《なが》く地《ち》は久《ひさ》し。天地《てんち》の能《よ》く長《なが》く且《か》つ久《ひさ》しき所以《ゆえん》の者《もの》は、其《そ》の自《みずか》ら生《い》きんとせざるを以《もっ》てなり。故《ゆえ》に能《よ》く長久《ちょうきゅう》なり。

天と地が生まれてから、どの位の時間が経つだろうか。驚くほど長久である。その長久でいられる理由は一つしかない。長く久しく生きてやろうなどと一つも思っていないからだ。

是《ここ》を以《もっ》て聖人《せいじん》は其《そ》の身《み》を後《あと》にして身先《みさき》んじ、其《そ》の身《み》を外《そと》にして身存《みそん》す。

自分は一番後でいいからと、他人に譲れば譲るほど、他人《ひと》から推《お》されて先に立つ事になる。自分の事など思ってても見ないで、ひたすら他人《ひと》の為を思って働いていると、いつしか大切にされて皆の中心に居るようになる。この世はそんなものだ。

其《そ》の私《わたくし》無《な》きを以《もっ》てに非《あら》ずや。故《ゆえ》に能《よ》く其《そ》の私《わたくし》を成《な》す。

「無私」とは何か。この世は、自己と他者から出来ている。自己は一人。その他全員が他者。だから自分中心、自分優先の利己主義になった途端に孤立してしまう。

自分中心、自分勝手な人間は誰もが嫌うものだから、他人から嫌われる人間になってしまう。

世間や職場で孤立して皆から嫌われたら、手を貸してくれる人もいないし、困った時の助け舟も来ない。これでは満足に暮してはいけない。

この反対が無私なのだ。

自分を忘れ切って（没我無私《ぼつがむし》）こそ、自分が成り立つのだ。


自分の思い通りにしてやろうなどと思う事自体が〝不遜〟というものだ。

そうしたければ、私を無くして他人の為に働く事から始めるんだ。

易性第八

上善《じょうぜん》は水《みず》の若《ごと》し。水善《みずよ》く萬物《ばんぶつ》を利《り》して爭《あらそ》はず。衆人《しゅうじん》の惡《にく》む所《ところ》に處《お》る。故《ゆえ》に道《みち》に幾《ちか》し。居《きょ》には地《ち》を善《よ》しとし、心《こころ》は淵《えん》なるを善《よ》しとし、與《あた》ふるには仁《じん》なるを善《よ》しとし、言《げん》は信《しん》なるを善《よ》しとし、政《せい》は治《おさ》まるを善《よ》しとし、事《こと》には能《のう》なるを善《よ》しとし、動《うご》くには時《とき》なるを善《よ》しとす。夫《そ》れ唯爭《ただあらそ》はず、故《ゆえ》に尤無《とがな》し。

上善《じょうぜん》は水《みず》の若《ごと》し。

最も善い生き方は、水の様に生きる事だ。水ほど大切なものはないが、自分でそれを誇らないから他人と争うことはない。水はいつも低い所へと流れ、へりくだっているから他人とぶつかる事はない。水は自分の形を持たないから、どの様な形にも入って行ける。しかも時には土石流や津波となって自己を主張する時もある。見事な生き方だ。

水善《みずよ》く萬物《ばんぶつ》を利《り》して争《あらそ》はず。

水には多くの栄養や養分が含まれている。これは流れる過程で触れ合った岩や藻から、ごくごく自然に取り入れて来たものだ。この水の精神を見習うべきだ。「触れ合う人みな師」出会う人一人一人から何を学ぶかをいつも忘れないで人と会う事こそが、この精神だ。

衆人《しゅうじん》の悪《にく》む所《ところ》に處《お》る。故《ゆえ》に道《みち》に幾《ちか》し。

人間にとって水ほど大切なものはない。人間の身体の半分は水で出来ている。だから水が無ければ生きられない。これほど貴重なものでありながら、水は自分を誇ろうともせず、人が嫌がるじめじめとした低い所へと流れている。最も大切な存在でありながら、自己PRも自慢もせずに、謙虚にへりくだって生きている。この生き方こそが人間の理想。何故ならこれが「道」の生き方でもあるからだ。

居《きょ》には地《ち》を善《よ》しとし、心《こころ》は淵《えん》なるを善《よ》しとし、與《あた》ふるには仁《じん》なるを善《よ》しとし、言《げん》は信《しん》なるを善《よ》しとし、政《せい》は治《おさ》まるを善《よ》しとし、事《こと》には能《のう》なるを善《よ》しとし、動《うご》くには時《とき》なるを善《よ》しとす。

この世には善い状態というものがある。それを見習って生きれば自ずと結果は付いてくる。いつも地に足を着けて安定した生活を心懸ける。いつも心は円満にして他人《ひと》と付き合う。いつも愛を他人《ひと》に授《さず》ける事を忘れない。いつも信頼を失わないように発言をする。いつも暮しは無事に何事もなく治まるよう心掛ける。いつも仕事は全力で能力を発揮する。いつも夕イミングを考えて行動する。

夫《そ》れ唯《ただ》争《あらそ》はず、故《ゆえ》に尤《とが》無《な》し。

水は何ものとも争わない。だから自分の思い通り先に行く事が出来る。争いは何ものも生まないものだ。たとえ勝ったとしても、憎《にく》しみや恨《うら》みを買うだけだ。争ってはいけない。

水の精神で生きれば、水の流れるように円滑に進むことが多くなる。
水の精神とは何か。
争《あらそ》わない事。
それだけだ。
他人とも、もの事とも、ひたすら争わない。

運夷第九

持《じ》して之《これ》を盈《みた》すは其《そ》の已《や》むに如《し》かず。揣《きた》へて之《これ》を鋭《するど》くすれば長《なが》く保《たも》つ可《べ》からず。金王堂《きんぎょくどう》に満《み》つれば之《これ》を能《よ》く守《まも》る莫《な》し。富貴《ふうき》にして驕《おご》れば自《おのずか》ら其《そ》の咎《とが》を遺《のこ》す。功成《こうな》り名遂《なと》げて身退《みしりぞ》くは天《てん》の道《みち》なり。

持《じ》して之《これ》を盈《みた》すは其《そ》の已《や》むに如《し》かず。

水を溢《あふ》れるばかりに一杯にしたコップを持たされただけで、こぼすまいとして人間は自由を奪われてしまう。何事も一杯に得ると、それだけで不自由になる。ほどほどがいいのだ。

揣《きた》へて之《これ》を鋭《するど》くすれば長《なが》く保《たも》つ可《べ》からず。

たとえば刀《かたな》は、鍛え打ちすぎると、その途端に強さを失ってしまう。もの事にはここが限度というものがあるのだ。やりすぎは全てを台無しにしてしまう。

金王堂《きんぎょくどう》に満《み》つれば之《これ》を能《よ》く守《まも》る莫《な》し。

金や宝石が堂に溢《あふ》れるばかり。財産財宝も持ちすぎると、今度はそれを失わないかと気になって夜もおちおち眠れない。身分相応の暮しが一番良い。

富貴《ふうき》にして驕《おご》れば自《おのずか》ら其《そ》の咎《とが》を遺《のこ》す。

金持ちにもなり、社会的立場も持った。その上驕った心で他人《ひと》を侮《あなど》る。傲慢にも程がある。いつしか周囲の信頼を失うことになるのだ。

功成《こうな》り名遂《なと》げて身退《みしりぞ》くは天《てん》の道《みち》なり。

成功を手にし、名声も得たら、もうそれで本望《ほんもう》は遂げたと、その地位から身を退く謙虚さこそ、天の示す正しい在り方なのだ。

過ぎる事は、恐ろしい事だ。
食べ過ぎ、思い過ぎ、やり過ぎ、持ち過ぎ。
過ぎれば、直ぐに人間は不自由になる。
節度が大切なんだ。

能爲第十

營魄《えいはく》に載《の》り一《いつ》を抱《いだ》いて、能《よ》く離《はな》るること無《な》からん。氣《き》を専《もっぱ》らにし柔《じゅう》を致《いた》して、能《よ》く嬰兒《えいじ》たらん。玄覽《げんらん》を滌除《てきじょ》して、能《よ》く疵《し》無《な》からん。民《たみ》を愛《あい》し國《くに》を治《おさ》めて、能《よ》く無爲《むい》ならん。天門開闔《てんもんかいこう》して、能《よ》く雌《し》たらん。明白四達《めいはくしたつ》にして、能《よ》く無知《むち》ならん。」之《これ》を生《しょう》じ之《これ》を畜《やしな》ひ、生《しょう》じて有《ゆう》せず、爲《な》して恃《たの》まず、長《ちょう》じて宰《さい》せず。是《これ》を玄徳《げんとく》と謂《い》ふ。

營魄《えいはく》に載《の》り一《いつ》を抱《いだ》いて、能《よ》く離《はな》るること無《な》からん。

肉体と心から出来ているのが人間だ。その時最も大切なのは、「道」の教えに徹した心を持って、肉体を使う事、つまり行動をする事なのだ。「道」と心と肉体の一体化こそが生きる目標だ。

氣《き》を専《もっぱ》らにし柔《じゅう》を致《いた》して、能《よ》く嬰兒《えいじ》たらん。

この生きる目標を持つと、身体に一本筋が入ったかの様に精気が漲《みなぎ》ってくる。心は余計な感情はなく乱れず、無心になる。するとまるで赤ん坊の様に身体も心も柔軟になる。

玄覽《げんらん》を滌除《てきじょ》して、能《よ》く疵《し》無《な》からん。

無心になった心は常に洗い清められた様に、塵《ちり》一つ無い清浄な状態を保ち続ける事だ。それは過ちの無い日々を与えてくれる。

民《たみ》を愛《あい》し國《くに》を治《おさ》めて、能《よ》く無爲《むい》ならん。

そうした暮しは自分が多くの人々と共に生きている事を思い起こさせてくれる。常にこの人々に対する思いやりの心を失わず、ひたすら周囲や集団が円満に治まる事だけを念じて生きる。余計な思惑や私欲を持たないことだ。

天門開闔《てんもんかいこう》して、能《よ》く雌《し》たらん。

天は万物を産み続けている。万物を産み出す門を天門といい、開いたり閉じたりして一時の休みもなく人間は勿論、他の動物、植物、鉱物、それからもの事までも産み出している。この「創造の精神」こそ、見習うべきだ。

明白四達《めいはくしたつ》にして、能《よ》く無知《むち》ならん。

ほんとうに凄い人とは、世の中の万事に精通していながら、それを少しも〝ひけらかす〟事なく、むしろ何も知らない愚者の様に謙虚に生きている人だ。

之《これ》を生《しょう》じ之《これ》を畜《やしな》ひ、生《しょう》じて有《ゆう》せず、爲《な》して恃《たの》まず、長《ちょう》じて宰《さい》せず。

世の中を見事に生きるコツは、何かを生み育てても、それを自分のものと所有しない。頼りにしない。成長させても支配しない。では、どうするのか。次のものを生み出す為の次の挑戦に取りかかることだ。

是《これ》を玄徳《げんとく》と謂《い》ふ。

玄徳とは、人の目に触れることなく、陰で他人の為に働いている徳の事。それはまるで、こんなにこの世に貢献していながら、全く名乗り出ようともしない宇宙の根源「道」の徳の様だ。

「道」の教えに徹して生きれば、ほんとうに大切なものが見えてくる。
そうすると自分の生き方が変るんだ。
人間としての暮しが始まる。

無用第十一

　三十《さんじゅう》の輻《ふく》は一轂《いっこく》を共《とも》にす。其《そ》の無《む》に當《あた》りて車《くるま》の用《よう》有《あ》り。埴《ち》を埏《せん》して以《もっ》て器《き》を爲《つく》る。其《そ》の無《む》に當《あた》りて器《き》の用《よう》有《あ》り。戸《こ》牖《よう》を鑿《うが》ちて以《もっ》て室《しつ》を爲《つく》る。其《そ》の無《む》に當《あた》りて室《しつ》の用《よう》有《あ》り。故《ゆえ》に有《う》の以《もっ》て利《り》を爲《な》すは、無《む》の以《もっ》て用《よう》を爲《な》せばなり。

三十《さんじゅう》の輻《ふく》は一轂《いっこく》を共《とも》にす。其《そ》の無《む》に當《あた》りて車《くるま》の用有《ようあ》り。

車には車輪がなくてはならない。車輪は三十本の輻《や》（スポーク）がなくてはならない。その輻は、車輪の中央にある一つの轂《こしき》がなくてはならない。一見無用な轂《こしき》（車の、輪の中心の太い丸い部分）こそなくてはならないものだ。この様に一見無用なものほど重要な働きをしているものなのだ。

埴《ち》を挻《せん》して以《もっ》て器《き》を爲《つく》る。其《そ》の無《む》に當《あた》りて器《き》の用有《ようあ》り。

粘土を捏ねて器をつくる。よくよく見れば、器とは真ん中の空間という、一見無用なものがあって始めて器の用がある。無駄としてこの空間を無くしてしまったら器にならない。無用があって初めて有用がある。

戶牖《こよう》を鑿《うが》ちて以《もっ》て室《しつ》を爲《つく》る。其《そ》の無《む》に當《あた》りて室《しつ》の用有《ようあ》り。

戸や窓があって初めて室になる。無用としてそれ等を塞《ふさ》いでしまったら室にならない。有用の為の無用があって初めてこの世は成り立っている事を忘れてはならない。

故《ゆえ》に有《う》の以《もっ》て利《り》を爲《な》すは、無《む》の以《もっ》て用《よう》を爲《な》せばなり。

我々に利をもたらしてくれるものには、必ずその陰《かげ》に無用と思える一見して気付かない隠れた働きや効用というものがあるのだ。むしろこちらこそが主役なのだ。

無用の排除とばかり日々の勤務時間を連続的に実働ばかりにして一時の休憩もない。職場も無用の空間を無くくし、会議室も廊下すら無い、ただ机がびっしり一杯の一室だけにしてやっていると、どうなるか。結局、健康を害し、ベッドで無用の時を過ごすという無用の極地となってしまうのだ。

有用なものが何故有用かと言えば、無用があるからなんだ。
一見無用と思える時間があるから、心が休まり、ゆとりが生まれ、有用な時間に頑張れるんだ。

檢欲第十二

五色《ごしき》は人《ひと》の目《め》をして盲《もう》ならしむ。五音《ごいん》は人《ひと》の耳《みみ》をして聾《ろう》ならしむ。五味《ごみ》は人《ひと》の口《くち》をして爽《そう》ならしむ。馳騁田獵《ちていでんりょう》は人《ひと》の心《こころ》をして發狂《はっきょう》せしむ。得難《えがた》きの貨《か》は人《ひと》の行《おこない》をして妨《さまた》げしむ。是《ここ》を以《もっ》て聖人《せいじん》は腹《はら》の爲《ため》にして目《め》の爲《ため》にせず。故《ゆえ》に彼《かれ》を去《さ》りて此《これ》を取《と》る。

五色《ごしき》は人《ひと》の目《め》をして盲《もう》ならしむ。

目もあやな眩《まぶ》しいほどの極彩色は、目移りして表面的な部分しか見えない。だから内面の主張が人の心に届かない。表面の華美は、かえってほんとうの美しさを語らないのだ。

日本の美術は、簡潔（シンプル）をもって旨とする。より本質を際立たせるためだ。

五音《ごいん》は人《ひと》の耳《みみ》をして聾《ろう》ならしむ。

様々な音色の美しい音も、そればかり聞いていると音ばかりに惑わされて、その音楽が語ろうとしているところに耳が行かない。だからほんとうに伝えたい事を酌《く》み取ることが出来ない。

日本の音楽は、無音である〝間《ま》〟を大切にする。

無音があって初めて音が輝く。

五味《ごみ》は人《ひと》の口《くち》をして爽《そう》ならしむ。

豪華な御馳走ばかりを口にしていると、その素材の持つほんとうの味が恋しくなる。人間は人工的な物の受け入れには限界があるのだ。日本の料理は、素材の味を生命とする。

馳騁田獵《ちていでんりょう》は人《ひと》の心《こころ》をして發狂《はつきょう》せしむ。

馬を駆けて獲物を追ってばかりいると、その熱狂が忘れられなくなり、いつも獲物を追って狩りをしている気分に浸《ひた》りたくなる。その熱狂は人の心を狂わせていく。マネーゲームの熱狂も同じ危険があるのだ。

得難《えがた》きの貨《か》は人《ひと》の行《おこない》をして妨《さまた》げしむ。

身分不相応な暮しには、どうしても無理が生じて来る。無理を重ねていると、それは人間としての正しい行いや暮しが、いつしか見えなくなる。

是《ここ》を以《もっ》て聖人《せいじん》は腹《はら》の爲《ため》にして目《め》の爲《ため》にせず。故《ゆえ》に彼《かれ》を去《さ》りて此《これ》を取《と》る。

人生をより良く生きる秘訣は、見栄を張るより実質、飾り立てるより素朴、ごく普通を大切にすることだ。すると虚栄の心は去り、真の満足がやって来る。

> 贅沢な暮しは、こわい。
> 世の中の〝ほんとう〟が解らなくなる。
> 真の幸福が逃げて行く。

猒恥第十三

寵辱《ちょうじょく》驚《おどろ》くが若《ごと》く、大患《たいかん》を貴《たっと》ぶこと身《み》の若《ごと》し。何《なに》をか寵辱《ちょうじょく》驚《おどろ》くが若《ごと》しと謂《い》ふ。寵《ちょう》を上《じょう》と爲《な》し辱《じょく》を下《げ》と爲《な》す。之《これ》を得《え》ては驚《おどろ》くが若《ごと》く、之《これ》を失《うしな》ひては驚《おどろ》くが若《ごと》し。是《これ》を寵辱《ちょうじょく》驚《おどろ》くが若《ごと》しと謂《い》ふ。何《なに》をか大患《たいかん》を貴《たっと》ぶこと身《み》の若《ごと》しと謂《い》ふ。吾《われ》の大患《たいかん》有《あ》る所以《ゆえん》の者《もの》は、吾《われ》身《み》を有《う》とするが爲《ため》なり。吾《われ》身《み》を無《む》とするに及《およ》びては、吾何《われなん》の患《わずらい》か有《あ》らん。故《ゆえ》に貴《とうと》ぶに身《み》を以《もっ》てして天下《てんか》を爲《おさ》むる者《もの》には、則《すなわ》ち天下《てんか》を寄《よ》す可《べ》し。愛《あい》するに身《み》を以《もっ》てして天下《てんか》を爲《おさ》むる者《もの》には、乃ち《すなわち》以《もっ》て天下《てんか》を託《たく》す可《べ》し。

寵辱《ちょうじょく》驚《おどろ》くが若《ごと》く、大患《たいかん》を貴《たっと》ぶこと身《み》の若《ごと》し。

昔から、「寵辱驚くが若く、大患を貴ぶこと身の若し」という。

何《なに》をか寵辱《ちょうじょく》驚《おどろ》くが若《ごと》しと謂《い》ふ。寵《ちょう》を上《じょう》と為《な》し辱《じょく》を下《げ》と為《な》す。之《これ》を得《え》ては驚《おどろ》くが若《ごと》く、之《これ》を失《うしな》ひては驚《おどろ》くが若《ごと》し。是《これ》を寵辱《ちょうじょく》驚《おどろ》くが若《ごと》しと謂《い》ふ。

何を「寵辱驚くが若し」というのか。

寵愛、特別に思われ贔屓《ひいき》にされることを良いこととし、得れば天にも昇る心地になる。屈辱、馬鹿にされ軽視されることを悪いこととして、そう扱われれば奈落の底に落ちた心地になる。こうしてわれわれは生きがちである。

上司の一言で、心が動揺しがちだが、それは今日から止めよう。どう見られるかより、どうしっかり仕事を行うかに重点を移して暮そう。

周囲に左右されて生きるのではなく、自分が自分の人生を自分で生きるのだ。

何《なに》をか大患《たいかん》を貴《たっと》ぶこと身《み》の若《ごと》しと謂《い》ふ。吾《われ》の大患《たいかん》有《あ》る所以《ゆえん》の者《もの》は、吾身《われみ》を有《う》とするが爲《ため》なり。

何を「大患を貴ぶこと身の若し」というのか。

大患とは、名誉や利益を求める欲という大きな患《わずら》い。

これを真に貴ぶべき自身よりも重要だと思うこと。それは身という欲の発生源があるからだ。

真に自分の為になるかを考えて暮そう。好きでも健康に悪ければ止めよう。その方が楽《らく》でも実力向上にならなければ止めよう。後に問題が生じるような金品は、貰うのを止めよう。一時の喜びに終生悩むような誘惑は断固として断《ことわ》ろう。

吾身《われみ》を無《む》とするに及《およ》びては、吾何《われなん》の患《わずらい》か有《あ》らん。

したがって、無私になり、自分自身も無になれば、自然に患いもなくなるのだ。

全ての間違いは、表面的な満足を得ようとするところから、また、自分だけの欲を満足させようとするところから生じるのだ。真の満足は、他人の為に働き続け、それによる感謝の念が自分に押し寄せるところから得られるものだ。

故《ゆえ》に貴《とうと》ぶに身《み》を以《もっ》てして天下《てんか》を為《おさ》むる者《もの》には、則《すなわ》ち天下《てんか》を寄《よ》す可《べ》し。

真に人間にとって大切にすべきは何かをよく知った人間になろう。
そうした人に天下を預《あず》けよう。

愛《あい》するに身《み》を以《もっ》てして天下《てんか》を為《おさ》むる者《もの》には、乃《すなわ》ち以《もっ》て天下《てんか》を託《たく》す可《べ》し。

人間の真実の喜びとは何かをよくよく知っている人間になろう。
そうした人に天下を任《まか》せよう。

他人の一言で一喜一憂するのはもう止めよう。
それがどんなに好きでも、身体の為に悪いことは、もう止めよう。
この二つ守っただけで、心は落着く。

贊玄第十四

之《これ》を視《み》れども見《み》えず。名《な》づけて夷《い》と曰《い》ふ。之《これ》を聴《き》けども聞《きこ》えず。名《な》づけて希《き》と曰《い》ふ。之《これ》を搏《とら》へんとすれども得《え》ず。名《な》づけて微《び》と曰《い》ふ。此《こ》の三者《さんしゃ》は致詰《ちきつ》す可《べ》からず。故《もと》より混《こん》じて一《いつ》と爲《な》る。其《そ》の上《うえ》皦《あきら》かならず、其《そ》の下《した》昧《くら》からず。繩《じょう》繩《じょう》として名《な》づく可《べ》からず。無物《むぶつ》に復帰《ふくき》す。是《これ》を無状《むじょう》の状《じょう》・無物《むぶつ》の象《しょう》と謂《い》ふ。是《これ》を忽恍《こつこう》と爲《な》す。之《これ》を迎《むか》ふれども其《そ》の首《くび》を見《み》ず。之《これ》に随《したが》へども其《そ》の後《しりへ》を見《み》ず。

古《いにしえ》の道《みち》を執《と》りて、以《もっ》て今《いま》の有《う》を御《ぎょ》し、以《もっ》て古始《こし》を知《し》る。是《これ》を道紀《どうき》と謂《い》ふ。

之《これ》を視《み》れども見《み》えず。名《な》づけて夷《い》と曰《い》ふ。之《これ》を聴《き》けども聞《きこ》えず。名《な》づけて希《き》と曰《い》ふ。之《これ》を搏《とら》へんとすれども得《え》ず。名《な》づけて微《び》と曰《い》ふ。此《こ》の三者《さんしゃ》は致詰《ちきつ》す可《べ》からず。故《もと》より混《こん》じて一《いつ》と為《な》る。

宇宙の根源であり、万物、この世の全ての生みの親である「道」の在り様を自分の在り様とするというのが「道（タオ）」の教えである。その「道」は、「夷（形が見え無いもの）、希（声の聞こえ無いもの）、微（触《ふ》れられ無いもの）、この三つの要素が一つになっているのが道なのだ。尊いものはみな、「見えない、聞こえない、触《さ》われない」ものである。

其《そ》の上《うえ》皦《あきら》かならず、其《そ》の下《した》昧《くら》からず。縄縄《じょうじょう》として名《な》づく可《べ》からず。無物《むぶつ》に復帰《ふくき》す。是《これ》を無状《むじょう》の状《じょう》・無物《むぶつ》の象《しょう》と謂《い》ふ。是《これ》を忽恍《こつこう》と為《な》す。

「道」を更に説明すれば、これだと名づけ様がない。これといって何も無い。しかし確かに有る。これぞカオス（混沌）。これを忽恍、ぼんやりとしたものとする。

之《これ》を迎《むか》ふれども其《そ》の首《くび》を見《み》ず。之《これ》に随《したが》へども其《そ》の後《しりへ》を見《み》ず。古《いにしえ》の道《みち》を執《と》りて、以《もっ》て今《いま》の有《う》を御《ぎょ》し、以《もっ》て古始《こし》を知《し》る。是《これ》を道紀《どうき》と謂《い》ふ。

更に説明すれば、前から見てもその頭が見えるわけではない。後《うしろ》から見てもその後姿が見えるわけでもない。どこからどこまでが「道」なのか。無限なのだ。しかし「道」がいるからこそ、この世の根本が保たれているのだ。

宇宙の根源「道」は、天地を産み、万物を産んだ。
いわばわれわれの母親なのだ。
しかしその姿は見えない。
尊いものは、皆見えない。

顯德第十五

古《いにしえ》の善《よ》く士《し》たる者《もの》は、微妙玄通《びみょうげんつう》、深《ふか》くして識《し》る可《べ》からず。夫《そ》れ唯《ただ》識《し》る可《べ》からず。故《ゆえ》に强《し》ひて之《これ》が容《かたち》を爲《な》せば、與《よ》として冬川《ふゆかわ》を渉《わた》るが若《ごと》く、猶《ゆう》として四隣《しりん》を畏《おそ》るるが若《ごと》く、儼《げん》として其《そ》れ客《きゃく》たるが若《ごと》く、渙《かん》として冰《こおり》の將《まさ》に釋《と》けんとするが若《ごと》く、敦《とん》として其《そ》れ朴《ぼく》の若《ごと》く、曠《こう》として其《そ》れ谷《たに》の若《ごと》く、渾《こん》として其《そ》れ濁《にご》れるが若《ごと》し。孰《たれ》か能《よ》く濁《にご》るも以《もっ》て之《これ》を靜《しずか》にして徐《おもむろ》に清《す》まさん。孰《たれ》か能《よ》く安《やす》んじて以《もっ》て久《ひさ》しくし之《これ》を動《うご》かして徐《おもむろ》に生《しょう》ぜん。此《こ》の道《みち》を保《たも》つ者《もの》は、盈《み》つるを欲《よく》せず。夫《そ》れ唯《ただ》盈《み》たず。故《ゆえ》に能《よ》く蔽《やぶ》るるも復《また》成《な》すなり。

古《いにしえ》の善《よ》く士《し》たる者《もの》は、微妙玄通《びみょうげんつう》、深《ふか》くして識《し》る可《べ》からず。

真に善く出来た人物、立派なリーダーというものは、言葉などでは決して言い表せない。何故か。その全体像、全人格は微妙でまるで「道」を人間にした様に奥深く、とても一般の常識では、その真の人間像を見通す事など出来ないものだ。

夫《そ》れ唯《ただ》識《し》る可《べ》からず。故《ゆえ》に強《し》ひて之《これ》が容《かたち》を爲《な》せば、

その凄さをこと細かく知る事は出来ないが、それでは話にならない。そこで強《し》いて言葉にして表せば、だいたい次の様な事になる。

與《よ》として冬川《ふゆかわ》を渉《わた》るが若《ごと》く、

立派なリーダーの真っ先に挙げるべき条件は、冬に凍りついた川を渡る時の様に何事につけ、一歩一歩を確かめつつ歩む慎重さがなくてはならない。

猶《ゆう》として四隣《しりん》を畏《おそ》るるが若《ごと》く、

立派なリーダーの保持すべき条件は、常に周囲に対してこれを恐れるかの様な用心深さがなくてはならない。

真のリーダーとしての条件の一番二番が、「慎重さと用心深さ」であることは忘れない方が良い。何と脇の甘いリーダーが多い事か。

儼《げん》として其《そ》れ客《きゃく》たるが若《ごと》く、

何しろリーダーには、威厳に充ちた堂々とした風格がなくてはならない。誰でも客として訪問した時には、礼儀正しく、威厳を保とうとするものだが、そうした客に行った時の立派な人間のように。

渙《かん》として氷《こおり》の将《まさ》に釋《と》けんとするが若《ごと》く、

立派な人間として持つべき大切なものは、それは温《あたた》かさであろう。冬の氷も溶け出すぐらいの、春のお日様の様な温和さが求められる。

敦《とん》として其《そ》れ朴《ぼく》の若《ごと》く、

人間としての立派さとは、外見や見てくれでなく、やはり飾り気の無い純朴な人柄をいうのだ。

曠《こう》として其《そ》れ谷《たに》の若《ごと》く、

人の上に立つ者としては、やはり大きな器量がなくてはならない。何事も受け容れる度量の広さが要求されるのだ。

渾《こん》として其《そ》れ濁《にご》れるが若《ごと》し。

大きな人物に必須の心は、清いものばかりでなく時には濁ったものも受け止めることが出来る受容の広さにある。

孰《たれ》か能《よ》く濁《にご》るも以《もっ》て之《これ》を靜《しずか》にして徐《おもむろ》に淸《す》まさん。孰《たれ》か能《よ》く安《やす》んじて以《もっ》て久《ひさ》しくし之《これ》を動《うご》かして徐《おもむろ》に生《しょう》ぜん。

立派な人物は、いくら社会の濁った部分を取り扱っても、私心私欲がないから、いつしかそれが澄んで来る。保守的な風土の社内で、見事組織の革新を行い、新しい仕組を生み出すよう仕向ける事が出来る。

此《こ》の道《みち》を保《たも》つ者《もの》は、盈《み》つるを欲《ほっ》せず。夫《そ》れ唯《ただ》盈《み》たず。故《ゆえ》に能《よ》く蔽《やぶ》るるも復《また》成《な》すなり。

万物を産み産ける宇宙の根源「道」の精神は、全てにおいて充分や満点を望まない。充分や満点はそこが終りになるからだ。常に足らない部分を見つめているから、破れた状態でも、それが当り前と思って修復することが出来るのだ。

こういうリーダーはほんとうにいるのかと思って暫《しばら》く考えて、ふっと浮かんだ人物がいる。持統天皇だ。

日本書紀に持統天皇の人物像が記されている。

「深沈にして大度あり。礼を好みて節倹、母儀たる徳を有す」

深沈といえば厚重。深みがあって常に沈着冷静。大きな度量の持主《もちぬし》。更に礼儀を重視して質素を好む。その上母親の優しさをも兼ね備えている。


真のリーダーの条件は、勇猛果敢などではない。

慎重で、用心深い事なのだ。

これが真っ先に来ることを忘れてはならない。

歸根第十六

虚《きょ》を致《いた》すこと極《きわ》まり、静《せい》を守《まも》ること篤《あつ》ければ、萬物《ばんぶつ》竝《なら》び作《おこ》るも、吾《われ》以《もっ》て其《そ》の復《かえ》るを観《み》る。夫《そ》れ物《もの》芸芸《うんうん》たるも、各《おのおの》、其《そ》の根《ね》に復帰《ふくき》す。根《ね》に帰《かえ》るを静《せい》と曰《い》ひ、是《これ》を命《めい》に復《かえ》ると謂《い》ふ。命《めい》に復《かえ》るを常《じょう》と曰《い》ひ、常《じょう》を知《し》るを明《めい》と曰《い》ふ。常《じょう》を知《し》らずして妄《みだり》に作《な》せば凶《きょう》なり。常《じょう》を知《し》れば容《よう》、容《よう》なれば乃《すなわ》ち公《こう》、公《こう》なれば乃《すなわ》ち王《おう》、王《おう》なれば乃《すなわ》ち天《てん》、天《てん》なれば乃《すなわ》ち道《みち》、道《みち》なれば乃《すなわ》ち久《ひさ》しく、身《み》を没《ぼっ》するまで殆《あやう》からず。

虚《きょ》を致《いた》すこと極《きわ》まり、靜《せい》を守《まも》ること篤《あつ》ければ、萬物竝《ばんぶつなら》び作《おこ》るも、吾以《われもっ》て其《そ》の復《かえ》るを観《み》る。

謙虚になってへりくだり、虚心になって無心になる。深い呼吸、臍《へそ》の下三寸（九・〇九センチメートル）に意識を集中した丹田呼吸を何回か行って心を落ち着かせる。すると種々雑多な雑念は吹き飛び消え去って、深い深い遠く古い「心のふるさと」に帰れるのだ。

夫《そ》れ物芸芸《ものうんうん》たるも、各〻《おのおの》其《そ》の根《ね》に復帰《ふくき》す。

欲を消して無欲になり、余計な雑念が吹き飛んでまっ白い心、無念無想になり精神が統一された状態になる。すると人間は自分の根っ子に帰る。それこそが宇宙の根源「道」なのだ。

根《ね》に帰《かえ》るを靜《せい》と曰《い》ひ、是《これ》を命《めい》に復《かえ》ると謂《い》ふ。

自分の人間としての本領を発揮したいと思ったなら、何といっても自分の全てつまり身心を靜にする。冷靜、靜寂、靜止の状態にする必要がある。それは自分の生命《いのち》を最も感じる時でもある。

命《めい》に復《かえ》るを常《じょう》と曰《い》ひ、常《じょう》を知《し》るを明《めい》と曰《い》ふ。常《じょう》を知《し》らずして妄《みだり》に作《な》せば凶《きょう》なり。

自分の生命《いのち》を感じること。これこそが人間にとって最も大切な事だ。何故か。自分＝生命ではないか。それに気付いて忘れないことを明という。明とは最も大切な事に気付くことをいう。それを知らずして行動すれば、それは危険極《きわ》まりない事だ。

常《じょう》を知《し》れば容《よう》、容《よう》なれば乃《すなわ》ち公《こう》、公《こう》なれば乃《すなわ》ち王《おう》、王《おう》なれば乃《すなわ》ち天《てん》、天《てん》なれば乃《すなわ》ち道《みち》、道《みち》なれば乃《すなわ》ち久《ひさ》しく、身《み》を没《ぼっ》するまで殆《あやう》からず。

自分は生命から出来ている。生命さえあれば。これを「生きてるだけで百点」という。生命さえあれば、他に何が欲しいというのだ。何に対しても寛容になれる。するとそれが公明正大な心に広がる。それは王の心、天の心だ。となれば、それこそが「道」の精神なのである。

生きとし生けるものは、やがて必ず根に帰る。
根に帰って深い安心を得るのだ。
人間もその根本である生命《いのち》に帰れば、大きな安心が得られる。

淳風第十七

太上《たいじょう》は下之《しもこれ》有《あ》るを知《し》るのみ。其《そ》の次《つぎ》は之《これ》に親《した》しみ之《これ》を譽《ほ》む。其《そ》の次《つぎ》は之《これ》を畏《おそ》れ、其《そ》の次《つぎ》は之《これ》を侮《あなど》る。信足《まことた》らざればなり。猶《ゆう》として其《そ》れ言《げん》を貴《たっと》べ。功成《こうな》り事遂《ことと》げて、百姓《ひゃくせい》皆我《みなわれ》自《みずか》ら然《しか》りと謂《おも》へり。

太上《たいじょう》は下之《しもこれ》有《あ》るを知《し》るのみ。

最も優れたリーダーは、下に居る人々はただその存在を知っているだけ。その人の行動や働きなど何一つ知らない。それこそが名リーダーの在り方だ。

米国を代表する安全保障問題の専門家ジョセフ・S・ナイ（Joseph S. Nye Jr.）ハーバード大学教授の「リーダー・パワー（THE POWERS TO LEAD）」の巻頭で象徴的にこの章句を挙げている。という事は北米のリーダー論も老子に学ぶ時代になったのか。

其《そ》の次《つぎ》は之《これ》に親《した》しみ之《これ》を誉《ほ》む。其《そ》の次《つぎ》は之《これ》を畏《おそ》れ、其《そ》の次《つぎ》は之《これ》を侮《あなど》る。信《まこと》足《た》らざればなり。

それには及ばないリーダーは、部下達の親しみや称賛を集めているタイプ。その下は、部下が恐れこわがっているタイプ。最低なリーダーは、部下が馬鹿にし軽視している人。それはその人に、部下がどうしても信頼出来ないところがあるからだ。

猶《ゆう》として其《そ》れ言《げん》を貴《たっと》べ。

言葉は魔物だ。一言が状況を最善にも最悪にもする。それを肝に銘じて用心深く発言しなくてはならない。

功《こう》成《な》り事《こと》遂《と》げて、百姓《ひゃくせい》皆《みな》我《われ》自《みずか》ら然《しか》りと謂《おも》へり。

リーダーが自分の経営や政治が旨く行っているかを計る要点。事が旨く行き成功した時、蔭で懸命に支援した自分の事など一切忘れて、部下や国民が自分の働きの結果だと思っている事にある。何故なら、リーダーの仕事は部下や国民に点を取らせる事にあるからだ。

> 部下が、そういう人が居ることは知っているが、何をしているか、ちっとも知らないというのが最上の社長だ。
> 知らないところで、せっせと会社の根っ子を太くしているのだ。

俗薄第十八

大道《だいどう》廢《すた》れて仁義《じんぎ》有《あ》り。智恵《ちえ》出《い》でて大僞《たいぎ》有《あ》り。六親《りくしん》和《わ》せずして孝慈《こうじ》あり。國家《こっか》昏亂《こんらん》して忠臣《ちゅうしん》有《あ》り。

大道《だいどう》廢《すた》れて仁義《じんぎ》有《あ》り。

真の仁義かどうかよく見る事だ。世の中が乱れていると、当り前の事が全て仁義に見えたりするものだ。

智恵《ちえい》出でて大僞《たいぎ》有《あ》り。

小賢しい計略や戦略を振りかざす人が高い評価を受けるほど、この世は疑わしくなるばかりだ。

六親和《りくしんわ》せずして孝慈《こうじ》あり。

格別に親孝行者が褒められ目立っている社会は、結局親子の関係すら良くない証拠だ。

國家《こっか》昏亂《こんらん》して忠臣《ちゅうしん》有《あ》り。

忠義者の部下が出て来る事こそが、その国がひどく昏乱している事を物語っている。忠義者などごく当り前の事にならなくてはいけない。

仁義の人が目立ち、忠臣が貴重になり、孝行者が誉められるのは、世の中がその反対になっているからだ。小賢しい知恵者などが、この世をどんどん疑《うたが》わしいものにしている。

還淳第十九

聖《せい》を絶《た》ち智《ち》を棄《す》つれば、民利《みんり》百倍《ひゃくばい》す。仁《じん》を絶《た》ち義《ぎ》を棄《す》つれば、民孝慈《たみこうじ》に復《ふく》す。巧《こう》を絶《た》ち利《り》を棄《す》つれば、盗賊《とうぞく》有《あ》る無《な》し。此《こ》の三者《さんしゃ》にては、以為《おも》へらく、文足《ぶんた》らず、と。故《ゆえ》に屬《つづ》く所《ところ》有《あ》らしめん。素《そ》を見《あら》はし朴《ぼく》を抱《いだ》き、私《わたくし》を少《すく》くし欲《よく》を寡《すくな》くせよ。

聖《せい》を絶《た》ち智《ち》を棄《す》つれば、民利《みんり》百倍《ひゃくばい》す。

余りにも高圧的で一方的でしかもくどい説教の様に、〝聖人になれ、智恵者になれ〟といわれ続けると、いつしかその逆を目差すようになるものだ。むしろ一言で済ませるぐらいの方が、本人が自分で考え自分に合った方法で、万事旨くやるものだ。

仁《じん》を絶《た》ち義《ぎ》を棄《す》つれば、民《たみ》孝慈《こうじ》に復《ふく》す。

仁だ義だと強く要求するより、人間の生まれながらにもっている良心を発揮させた方が親孝行や親心の情は生まれ易い。

巧《こう》を絶《た》ち利《り》を棄《す》つれば、盗賊《とうぞく》有《あ》る無《な》し。

技巧や利益を唯一最大の功績の様に賛美しすぎると、そこまでの力の無い人々は、良い結果を出さねばと、結局他人《ひと》の物を盗んで帳尻を合わせようとする事になる。

此《こ》の三者《さんしゃ》にては、以為《おも》へらく、文足《ぶんた》らず、と。

言葉を費やし文章を労して色々言ったところで、真意は伝わらない。結局言葉や文章での説明には限界がある。何よりも大切な事は、実行だ。これを実行せよと、実行目標を一つ与える事に優るものはない。

故《ゆえ》に屬《つづ》く所《ところ》有《あ》らしめん。

そこで一つの実行目標を与えよう。

素《そ》を見《あら》はし朴《ぼく》を抱《いだ》き、私《わたくし》を少《すく》なくし欲《よく》を寡《すく》なくせよ。

「見素抱朴《けんそほうぼく》・少私寡欲《しょうしかよく》」

見栄、見てくれ、外聞など外の評価を一切気にせず素朴、朴訥を旨として飾らず自分をそのまま表わし、私欲私情を少くして生きよ、という事だ。

素朴を大切にして生きる。
私欲を少くして生きる。
より良く生きるコツは何といっても、この二つだ。
皆がこうなれば、良い世の中など直ぐ出来る。

異俗第二十

學《がく》を絶《た》てば憂《うれい》無《な》し。唯《い》の阿《あ》と、相去《あいさ》る幾何《いくばく》ぞ。善《ぜん》の惡《あく》と、相去《あいさ》る何若《いかん》。人《ひと》の畏《おそ》るる所《ところ》は、畏《おそ》れざる可《べ》からざるも、荒《こう》として其《そ》れ未《いま》だ央《つ》きざるかな。」衆人熙熙《しゅうじんきき》として、太牢《たいろう》を享《う》くるが如《ごと》く、春《はる》、臺《だい》に登《のぼ》るが如《ごと》し。我獨《われひと》り怕《はく》として、其《そ》れ未《いま》だ兆《きざ》さず、嬰兒《えいじ》の未《いま》だ孩《がい》せざるが如《ごと》く、乘乘《じょうじょう》として、歸《き》する所無《ところな》きが若《ごと》し。衆人皆餘《しゅうじんみなあまり》有《あ》り、而《しか》るに我獨《われひと》り遺《わす》れたるが若《ごと》し。我《われ》は愚人《ぐじん》の心《こころ》なるかな、沌沌《とんとん》たり。俗人昭昭《ぞくじんしょうしょう》たるも、我獨《われひと》り昏《くら》きが若《ごと》し。俗人察察《ぞくじんさつさつ》たるも、我獨《われひと》り悶悶《びんびん》たり。忽《こつ》として海《うみ》の若《ごと》く、漂《ひょう》として止《とど》まる所無《ところな》きが若《ごと》し。衆人皆以《しゅうじんみなな》す有《あ》り、而《しか》るに我獨《われひと》り頑《がん》として鄙《ひ》なるに似《に》たり。我《われ》は獨《ひと》り人《ひと》に異《こと》なりて、母《はは》に食《やしな》はるるを貴《たっと》ぶ。

學《がく》を絶《た》てば憂無《うれいな》し。唯《い》の阿《あ》と、相去《あいさ》る幾何《いくばく》ぞ。

理屈をこねまわす様な学びは、真の学びではない。細部にこだわり過ぎると、真に人間にとって大切な「いきいきと生きる」事を忘れてしまうことになる。

善《ぜん》の悪《あく》と、相去《あいさ》る何若《いかん》。

善があれば、反対の悪もある。悪もある事を忘れないで善を行うことだ。

人《ひと》の畏《おそ》るる所《ところ》は、畏《おそ》れざる可《べ》からざるも、荒《こう》として其《そ》れ未《いま》だ央《つ》きざるかな。

多くの人が畏れるものは、一応は畏れるべきだが、余り小さな細かい違いにこだわると、荒れ野の雑草の様に手に負えなくなる。それより、どう生きるかが大切なんだ。

衆人熙熙《しゅうじんきき》として、太牢《たいろう》を享《う》くるが如《ごと》く、春《はる》、臺《だい》に登《のぼ》るが如《ごと》し。

多くの人は、一寸良いことがあると、大喜びし、有頂天になってしまう。悪い事が起きて悲しむ事にでもなったら、どうなるのだろうと心配だ。

我獨《われひと》り怕《はく》として、其《そ》れ未《いま》だ兆《きざ》さず、嬰兒《えいじ》の未《いま》だ孩《がい》せざるが如《ごと》く、乘乘《じょうじょう》として、歸《き》する所《ところ》無《な》きが若《ごと》し。

そんなに大喜びもしない。だからひどく落込む事もない。赤ん坊の様な無心さで生きる事だよ。行くあてもなく帰るところがない様に、常に何かに縛《しば》られて生きるのは、もう止《や》めよう。

衆人皆餘《しゅうじんみなあまり》有《あ》り、而《しか》るに我獨《われひと》り遺《わす》れたるが若《ごと》し。

そう何か得ることを追って一目散に生きているのでは、楽しんで生きられないよ。

我《われ》は愚人《ぐじん》の心《こころ》なるかな、沌沌《とんとん》たり。

そんなに才智に長《た》けて生きる必要もない。それよりか一見愚者《おろかもの》の様に、ゆったり、のんびり、慌てないで生きる事だ。

俗人《ぞくじん》昭昭《しょうしょう》たるも、我《われ》独《ひと》り昏《くら》きが若《ごと》し。

世間の人は、賢く、抜け目なく、利に聡《さと》い人ばかりだが、私はそこを大切にするより、自分らしく生きている事を大切にする。

俗人《ぞくじん》察察《さつさつ》たるも、我《われ》独《ひと》り悶悶《びんびん》たり。

世間の人は、身綺麗にスマートに生きているが、私は恰好をつける事も体裁も気にせず、ありのままで生きているから気楽だよ。

忽《こつ》として海《うみ》の若《ごと》く、漂《ひょう》として止《とど》まる所《ところ》無《な》きが若《ごと》し。

ゆったりと、ゆったりと生きる。まるで春の海の様に。その海にのんびり漂《ただよ》って生きている様だ。

衆人皆《しゅうじんみな》以《な》す有《あ》り、而《しか》るに我獨《われひと》り頑《がん》として鄙《ひ》なるに似《に》たり。

多くの人は、いつも何かと戦っているようだ。だから街は戦場のように見える。そんな中で私独り自分のペースで生きているから、都会慣れしない田舎者のように見えるだろう。

我《われ》は獨《ひと》り人《ひと》に異《こと》なりて、母《はは》に食《やしな》はるるを貴《たっと》ぶ。

真に「いきいき生きる事」を大切にすると、いつしか宇宙の根源で万物の生みの親「道」と一体になってくるのだ。

「道」の教えを守って生きれば、「道」が見守ってくれる。
だから安心だ。
しかし、いま、世間でいわれる常識と違うから、〝変ったヤツだ〟とはいわれる。
しかし、どちらが大切なんだ。

虚心第二十一

孔徳《こうとく》の容《よう》は、唯道《ただみち》に是《こ》れ従《したが》ふ。道《みち》の物《もの》たる、唯恍唯忽《ただこうただこつ》。忽《こつ》たり恍《こう》たり、其《そ》の中像有《うちぞうあ》り。恍《こう》たり忽《こつ》たり、其《そ》の中物有《うちものあ》り。窈《よう》たり冥《めい》たり、其《そ》の中精有《うちせいあ》り。其《そ》の精甚《せいはなは》だ眞《しん》にして、其《そ》の中信有《うちしんあ》り。古《いにしえ》より今《いま》に及《およ》ぶまで、其《そ》の名去《なさ》らず。以《もっ》て衆甫《しゅうほ》を閲《す》ぶ。吾何《われなに》を以《もっ》て衆甫《しゅうほ》の然《しか》るを知《し》るや。此《これ》を以《もっ》てなり。

孔徳《こうとく》の容《よう》は、唯道《ただみち》に是《こ》れ従《したが》ふ。道《みち》の物《もの》たる、唯恍唯忽《ただこうただこつ》。

広く大きな徳（自己の最善を他者に尽しきること）を生きる中心に置いている人の姿は、まるで宇宙の根源・万物の母である「道」の様だ。ただそれは余りにも広く大きいから、〝こうだ、この様だ〟と定め難い。

忽《こつ》たり恍《こう》たり、其《そ》の中像《うちぞう》有《あ》り。

「道」はぼんやりとした物だからはっきりとは見えないが、心を澄まして見詰めてごらん。だんだん何か像が見えてくる。

恍《こう》たり忽《こつ》たり、其《そ》の中物《うちもの》有《あ》り。

無心になって「道」を見詰めていると、何かある物が見えてくる。確かに「道」はあるんだ。

窈《よう》たり冥《めい》たり、其《そ》の中精《うちせい》有《あ》り。

深く暗い闇の中に、幽《かす》かに見えてくる「道」は、汚れや不純物を取り去った純一なものとして見えるのだ。

其《そ》の精甚《せいはなは》だ眞《しん》にして、其《そ》の中信《うちしん》有《あ》り。

純一なものとしての「道」は、見詰めていると、この世で最も信じられる物という気がしてくる。

古《いにしえ》より今《いま》に及《およ》ぶまで、其《そ》の名去《なさ》らず。以《もっ》て衆甫《しゅうほ》を閲《す》ぶ。

そういう「道」だからこそ、万物を生成化育し続けても、尽きる事がない。だから「道」という名を聞かなくなる事はない。いまもこれからも、万物の母で居続けるのだ。

吾何《われなに》を以《もっ》て衆甫《しゅうほ》の然《しか》るを知《し》るや。此《これ》を以《もっ》てなり。

私が万物の産みの母親が「道」である事を知るのは、したがって私の虚心が教えてくれるのだ。いつも虚心になって、宇宙の根源・万物の母「道」を感じてごらん。

「道」は見えない。
しかし見詰めていると薄ボンヤリ象《かたち》が見えてくる。
やがてその中に、霊妙で偉大な精気が溢《あふ》れ出ているのがよく解《わか》る。
これこそが「道」の本体なのだ。

益謙第二十二

曲《きょく》なれば則《すなわ》ち全《まった》く、枉《おう》なれば則《すなわ》ち直《なお》し。窪《わ》なれば則《すなわ》ち盈《み》ち、弊《へい》なれば則《すなわ》ち親《しん》なり。少《しょう》なれば則《すなわ》ち得《え》、多《た》なれば則《すなわ》ち惑《まど》ふ。是《ここ》を以《もっ》て聖人《せいじん》は一《いっ》を抱《いだ》き、天下《てんか》の式《しき》と為《な》る。自《みずか》ら見《あら》はさず、故《ゆえ》に明《あきら》かなり。自《みずか》ら是《ぜ》とせず、故《ゆえ》に彰《あきら》かなり。自《みずか》ら伐《ほこ》らず、故《ゆえ》に功有《こうあ》り。自《みずか》ら矜《ほこ》らず、故《ゆえ》に長《ちょう》たり。夫《そ》れ唯《ただ》争《あらそ》はず、故《ゆえ》に天下能《てんかよ》く之《これ》と争《あらそ》ふ莫《な》し。古《いにしえ》の所謂曲《いわゆるきょく》なれば則《すなわ》ち全《まった》しとは、豈虚言《あにきょげん》ならんや。誠《まこと》に全《まった》くして之《これ》を帰《かえ》すなり。

曲《きょく》なれば則《すなわ》ち全《まった》く、枉《おう》なれば則《すなわ》ち直《なお》し。

曲りくねっている樹木など使いづらいから、何の値打ちもない。だから切られる事もなく、いつまでも生き続けるのだ。人の生き方も同じものだ。偉そうにする事もなく、腰低く暮していれば、他人とぶつかり合って紆余曲折することなく、真っ直ぐな人生を生きられる。

窪《わ》なれば則《すなわ》ち盈《み》ち、弊《へい》なれば則《すなわ》ち親《しん》なり。

窪地には周りの栄養が流れてくるから、肥沃な土地になる。この精神で謙虚にへりくだって生きていると、色々な益が自然と流れて来る。旧態依然となりやがて朽《く》ちてしまうことだって悪い事ではない。新しいもの事はそこから起こるのだ。

少《しょう》なれば則《すなわ》ち得《え》、多《た》なれば則《すなわ》ち惑《まど》ふ。

何事も少な目に欲しがると、手に入り易い。多く多くと望むと、それは無理だとばかり、得られない。得たら得たで、多過ぎるとあれもこれもで迷いは尽きない。

是《ここ》を以《もっ》て聖人《せいじん》は一《いつ》を抱《いだ》き、天下《てんか》の式《しき》と爲《な》る。

「道」の在り様を自己の在り様とする人は、とても凄い働きをしたとしても常にへりくだって自慢などせず、自分を目立たせないから、多くの人の手本になるのだ。

自《みずか》ら見《あら》はさず、故《ゆえ》に明《あきら》かなり。

自分で自分をＰＲしようとせず、自分の行いを常に改善点を探して見るようにしているから、自分を最もよく知っている事になる。

自《みずか》ら是《ぜ》とせず、故《ゆえ》に彰《あきら》かなり。

自分の行いを良しとせずに、常に客観的に見て反省をしているから、どんどん向上して、やがて他人が認めざるを得ない絶対的なレベルに到達する。

自《みずか》ら伐《ほこ》らず、故《ゆえ》に功《こう》有《あ》り。

いくら業績を上げても自分の業績を誇ることをしないから、その実力も認めざるを得ない存在になる。

自《みずか》ら矜《ほこ》らず、故《ゆえ》に長《ちょう》たり。

自分のキャリアを誇ろうともしないから、その人柄に惚れる人が多くなり、多くの信頼が集まる存在になる。

夫《そ》れ唯《ただ》争《あらそ》はず、故《ゆえ》に天下《てんか》能《よ》く之《これ》と争《あらそ》ふ莫《な》し。

争い事は、何の益もない。たとえ勝ったとしても、恨みを残すばかりだ。争わない秘訣は他人と争う気持を全く持たないで、ひたすら自己向上のみに励むことだ。

古《いにしえ》の所謂曲《いわゆるきょく》なれば則《すなわ》ち全《まった》しとは、豈虚言《あにきょげん》ならんや。

通俗的な評価に左右されず、「自分は自分、他人は他人」とばかり、自分の性格や持味を自分が認め磨き続けること。これが良い人生の秘訣だ。

誠《まこと》に全《まった》くして之《これ》を歸《かえ》すなり。

より良く生きるとは、自分を少々良くして「道」に帰す事だ。

俗世間でいわれる価値は、全て当っているものばかりではない。無価値と思われるものも〝だから良かった〟という使い方と出合うと、その本領を発揮して凄いものになったりする。

虚無第二十三

希言《きげん》こそ自然《しぜん》なれ。飄風《ひょうふう》は朝《あした》を終《お》へず、驟雨《しゅうう》は日《ひ》を終《お》へず。孰《たれ》か此《これ》を爲《な》す者《もの》ぞ。天地《てんち》なり。天地《てんち》すら尚久《なおひさ》しきこと能《あた》はず、而《しか》るを況《いわ》んや人《ひと》に於《お》いてをや。故に道《みち》に従事《じゅうじ》する者《もの》は、道《みち》ある者《もの》には道《みち》に同《おな》じくし、徳《とく》ある者《もの》には徳《とく》に同《おな》じくし、失《うしな》へる者《もの》には失《うしな》へるに同《おな》じくす。道《みち》に同《おな》じくすれば、道《みち》あるものも亦之《またこれ》を得《う》るを樂《たの》しむ。徳《とく》に同《おな》じくすれば、徳《とく》あるものも亦之《またこれ》を得《う》るを樂《たの》しむ。失《うしな》へるに同《おな》じくすれば、失《うしな》へるものも亦之《またこれ》を得《う》るを樂《たの》しむ。信足《まことた》らざれば、焉《ここ》に不信《ふしん》有《あ》るなり。

希言《きげん》こそ自然《しぜん》なれ。

言葉にならない言葉、余りの驚愕、余りの感動の時には、人間は「息を呑む」。そして呻く。或いは「おお！」と感嘆するものだ。これが希言。希《まれ》に発する真実の言葉だ。そこには妙な思惑や作為は一切ない。

飄風《ひょうふう》は朝《あした》を終《お》へず、驟雨《しゅうう》は日《ひ》を終《お》へず。孰《たれ》か此《これ》を爲《な》す者《もの》ぞ。天地《てんち》なり。天地《てんち》すら尚久《なおひさ》しきこと能《あた》はず、而《しか》るを況《いわ》んや人《ひと》に於《おい》てをや。

あの台風が、長く続く事は滅多にない。だいたいが一夜の事だ。朝になれば去ってしまう。どしゃ降りの雨も一日も続くことはない。

台風やどしゃ降りの雨は誰の仕業か。天地の爲《な》せる業だ。偉大な天地だって長く続けることが難しいのに、非力な人間が可能な筈はない。そもそも「長広舌」は人間には不向きなのだ。

故《ゆえ》に道《みち》に従事《じゅうじ》する者《もの》は、道《みち》ある者《もの》には道《みち》に同《おな》じくし、徳《とく》ある者《もの》には徳《とく》に同《おな》じくし、失《うしな》へる者《もの》には失《うしな》へるに同《おな》じくす。

「道」を信条として生きる者は、「道」を心得ていると思えた者には、道に生きる者同志として付き合い、徳を大切にしている者には徳を大切にしている同志として付き合う。だから「道」も徳も無い者には、無い者どうしとして付き合う事だ。

道《みち》に同《おな》じくすれば、道《みち》あるものも亦之《またこれ》を得《う》るを樂《たの》しむ。

「道」に生きる者同志の付き合いは、互いに同志を得た喜びがあり、楽しいものだ。

徳《とく》に同《おな》じくすれば、徳《とく》あるものも亦之《またこれ》を得《う》るを樂《たの》しむ。

徳に生きる者同志の付き合いは、互いに同志を得た喜びがあり、楽しいものだ。

失《うしな》へるに同《おな》じくすれば、失《うしな》へるものも亦之《またこれ》を得《う》るを樂《たの》しむ。

「道」も徳も無い者にも、同じ者どうしとして付き合えば、相手は仲間が出来たと喜び、楽しいものだ。

信《まこと》足《た》らざれば、焉《ここ》に不信《ふしん》有《あ》るなり。

でも一つだけ、とても大切なことがある。表面的に合わせているだけでは、相手に直《す》ぐにそれが感じられて、かえって信用を失うだけだ。

心から相手の身になって、相手のレベルにへりくだって、心から付き合わないと、折角の友人を失う。

幼い児と話す時に、その子の背丈に合わせて、ひざを折って話すあの感じだ。

他人がいてこその自分なのだ。
打ち負かすばかりが能ではない。
心の合うところを見付けて、心を合わせていく事こそ、真に能力のある者だ。

苦恩第二十四

跂《つまだ》つ者《もの》は立《た》たず、跨《また》ぐ者《もの》は行《ゆ》かず。自《みずか》ら見《あら》はす者《もの》は明《あきら》かならず、自《みずか》ら是《ぜ》とする者《もの》は彰《あきら》かならず。自《みずか》ら伐《ほこ》る者《もの》は功《こう》無《な》く、自《みずか》ら矜《ほこ》る者《もの》は長《ちょう》とせられず。其《そ》の道《みち》に於《お》けるや、餘食贅行《よしょくぜいこう》と曰《い》ふ。物或《ものつね》に之《これ》を惡《にく》む。故《ゆえ》に有道者《ゆうどうしゃ》は處《の》らず。

跂《つまだ》つ者《もの》は立《た》たず、

身長をなるべく大きく見せようとばかり、つま先で立っていると、すぐ疲れてかえって小さくなってしまうものだ。

跨《また》ぐ者《もの》は行《ゆ》かず。

早く行こうと大股に歩いていると、すぐ疲れてかえって遅くなってしまうものだ。

自《みずか》ら見《あら》はす者《もの》は明《あきら》かならず、

何かにつけて自分から〝俺が俺が――〟と目立ちたがり屋の者は、悪い評判ばかりになって、結局は人生に躓《つまず》く。

自《みずか》ら是《ぜ》とする者《もの》は彰《あきら》かならず。

自分で自分を良しとする者は、かえって他人からは良しといわれない。

自《みずか》ら伐《ほこ》る者《もの》は功無《こうな》く、

自分の業績を自慢すればするほど、他人に認められなくなる。

自《みずか》ら矜《ほこ》る者《もの》は長《ちょう》とせられず。

自分の才能や能力をほこればほこるほど、周囲から浮いた存在になる。

其《そ》の道《みち》に於《お》けるや、餘食贅行《よしぜいこう》と曰《い》ふ。

同じほこるでも、「伐る」は、戦績や業績を誇る事。「矜る」は家柄や血筋、能力を誇る事。どちらにしろ、これ等は、食べ残しや贅肉の様なもので、何の足しにもならない余計なものだと心得たい。

物或《ものつね》に之《これ》を悪《にく》む。故《ゆえ》に有道者《ゆうどうしゃ》は處《お》らず。

人々は誰でもそんな余計なものを高く評価したり、ほんとうに思う事はない。だからこうしたものを嫌悪する。「道」を手本として生きる者は、そうした不用な事は決して行わない。

無理は良くない。
中でも自分の力量を大きく見せる無理は最悪だ。
そんなエネルギーがあったら、実力向上に使うべきだ。

象元第二十五

物《もの》有《あ》り混成《こんせい》し、天地《てんち》に先《さき》だって生《しょう》ず。寂《せき》たり寥《りょう》たり、獨《どく》立《りっ》して改《あらた》まらず、周行《しゅうこう》して殆《おこた》らず、以《もっ》て天下《てんか》の母《はは》と爲《な》す可《べ》し。吾《われ》、其《そ》の名《な》を知《し》らず。之《これ》に字《あざな》して道《みち》と曰《い》ひ、强《し》ひて之《これ》が名《な》を爲《な》して大《だい》と曰《い》ふ。大《だい》なれば曰《すなわ》ち逝《ゆ》き、逝《ゆ》けば曰《すなわ》ち遠《とお》ざかり、遠《とお》ざかれば曰《すなわ》ち反《かえ》る。故《ゆえ》に道《みち》は大《だい》なり。天《てん》は大《だい》なり。地《ち》は大《だい》なり。王《おう》も亦大《まただい》なり。域中《いきちゅう》四大《しだい》有《あ》り。而《しか》して王《おう》も其《そ》の一《いっ》に居《お》る。人《ひと》は地《ち》に法《のっと》り、地《ち》は天《てん》に法《のっと》り、天《てん》は道《みち》に法《のっと》り、道《みち》は自然《しぜん》に法《のっと》る。

物《もの》有《あ》り混成《こんせい》し、天地《てんち》に先《さき》だって生《しょう》ず。

この世の初めは、混沌（カオス）から始まる。天と地が生まれる以前の話だ。これは何においても同じで、画期的発明も、不朽の名作も、最初は、作者の頭の中の混沌とした状態から始まったものだ。

寂《せき》たり寥《りょう》たり、獨立《どくりつ》して改《あらた》まらず、周行《しゅうこう》して殆《おこた》らず、以《もっ》て天下《てんか》の母《はは》と爲《な》す可し。

耳を澄ませど声も無く、目をこらせど姿も無く、はっきりしないが、確かに在る。それは他の何物も頼りにすることなく独り立っており、長い年月決して変化することはない。その力は、この世の全体に行き渡って一時たりとも怠《おこた》ることがない。したがって、これを天下の母親「母《かあ》さん」としている。

吾《われ》、其《そ》の名《な》を知《し》らず。之《これ》に字《あざな》して道《みち》と曰《い》ひ、强《し》ひて之《これ》が名《な》を爲《な》して大《だい》と曰《い》ふ。

私は、これの正式な名前を知らない。仮に「道」といっておこう。

強いてこれを別の名前で呼べば「大」というべきか。

大《だい》なれば曰《すなわ》ち逝《ゆ》き、逝《ゆ》けば曰《すなわ》ち遠《とお》ざかり、遠《とお》ざかれば曰《すなわ》ち反《かえ》る。

この大きな存在は、先へ先へと進んで行き、それはどんどん遠去《とおざ》かって行く。やがてある所まで行くと、今度は反転して元の場所へと帰って行く。

これこそわれわれ万物の一生をもの語っている「生死論」ではなかろうか。

われわれは道から出て生まれる。（「出でて生き」貴生第五十）

だからこれを出生という。それから道から遠去かって行く。しかしある所、人生の折り返し点で今度は反転し道へと帰って行く。

そして道に再び入って死ぬ。（「入りて死す」貴生第五十）

つまり「道」こそわれわれの故郷なのだ。道とは「ふるさとの母さん」なのだ。

故《ゆえ》に道《みち》は大《だい》なり。天《てん》は大《だい》なり。地《ち》は大《だい》なり。王《おう》も亦大《またかだい》なり。域中四大有《いきちゅうしだいあ》り。

大である道が産んだ天も大、地も大、そして人間、王も大なのだ。地球はこの四つの大で成り立っている。

而《しか》して王《おう》も其《そ》の一《いつ》に居《お》る。

われわれのリーダーである王とは、「道」、天、地、と同じ心を持つべきものなのだ。

人《ひと》は地《ち》に法《のっと》り、地《ち》は天《てん》に法《のっと》り、天《てん》は道《みち》に法《のっと》り、道《みち》は自然《しぜん》に法《のっと》る。

われわれ人間は地の上で、地の力で生きている。
その地は天の下《もと》で、天の力で生きている。
その天は道の下で、「道」の力で生きている。
これ等の大もとの「道」は、自然の中で、自然の力で生きている。したがってわれわれ人間も、地と天と「道」と通じ合い、自然と共に生きる事を法《のり》、生きる大本《おおもと》としているのだ。

「道」は天地を産み、万物を産んだ。
われわれはこの「道」から産まれた。
という事は、天とも地とも「道」とも自然ともほんとうは一体なのだ。

重徳第二十六

重《じゅう》は輕《けい》の根《こん》たり。靜《せい》は躁《そう》の君《きみ》たり。是《ここ》を以《もっ》て聖人《せいじん》は、終《しゅう》日行《じつゆ》けども、輜重《しちょう》を離《はな》れず。榮觀《えいかん》有《あ》りと雖《いえど》も、燕處超然《えんしょちょうぜん》たり。奈何《いかん》ぞ萬乘《ばんじょう》の主《しゅ》にして、身《み》を以《もっ》て天下《てんか》より輕《かる》しとするや。輕《かる》ければ則《すなわ》ち臣《しん》を失《うしな》ひ、躁《さわが》しければ則《すなわ》ち君《きみ》たるを失《うしな》ふ。

重《じゅう》は輕《けい》の根《こん》たり。

「重」は常に忘れてはいけない字だ。何故なら、重要、慎重、重責、貴重など、大切なものの事には必ずこの字が使われている。

一方「軽」は、軽快、軽妙など良い意味もあるが、軽々しい、軽はずみ、軽率、軽視、軽蔑など良い意味は少ない。

何をするにも重を主として、軽を従とする。

靜《せい》は躁《そう》の君《きみ》たり。

「靜」も忘れてはいけない字だ。冷静さは、時には生命《いのち》を守る事だって出来る。交渉事も競争も冷静を保った方が必ず勝つ。何故なら冷静とは、自分を失わない事。

一方「躁」は、焦躁、軽躁など、浮わついた心の状態を表している。いわば自分を失った状態なのだ。

是《ここ》を以《もっ》て聖人《せいじん》は、終日《しゅうじつ》行《ゆ》けども、輜重《しちょう》を離《はな》れず。

「道」を手本に生きている人は、実質、実用、実態を重視するから、例えば戦争でいえば、華々しい戦闘部隊より、食糧や武器、装備を運んでいる輸送部隊（輜重）を大切にする。何故なら、戦場で兵士が片一方の靴を失っただけで戦闘力はガタッと落ちるのだ。直ぐに靴が供給される。輸送部隊の有難さが身に染みる時だ。

榮観《えいかん》有《あ》りと雖《いえど》も、燕處《えんしょ》超然《ちょうぜん》たり。

見栄や外聞、見て呉れなどは真っ先に考えることではない。真っ先に思うべきは実態だ。実態が良くて初めて見映えも良くなる。

したがって華やかな宴席などは、一夜の夢幻《ゆめまぼろし》だ。そんなものには超然としていろと言っている。

奈何《いかん》ぞ萬乗《ばんじょう》の主《しゅ》にして、身《み》を以《もっ》て天下《てんか》より輕《かる》しとするや。

どうして一国あるいは一組織の長である身の者が、その組織よりも軽々しく扱われてよいものか。大企業のトップの中には、社格より己の人格が及ばない事を当然としている人もいるが、それは良くない。

万乗の主といえば戦車一万台の国の君主の事だが、いまでいえば、組織の長。しかし私は、一家の長、お父さんの事として読みたい。

家族の誇りとして在りたいのが家長父親、お父さん。その自覚を持ってくれといっているのだ。

輕《かる》ければ則《すなわ》ち臣《しん》を失《うしな》ひ、躁《さわが》しければ則《すなわ》ち君《きみ》たるを失《うしな》ふ。

何故なら組織より軽いトップは部下達の誇りを失わせる事にもなり、そうなれば一旦緩急あった時の押さえにならず、トップの重責を全う出来ないで終る。

長たる者お父さんが軽々しい発言と軽率な行動、落着きのない日常でいれば、当然家族は尊敬しなくなる。

家族の誇りも失われてしまう。

ただお飾りでいる名目だけの父親という哀しい立場となってしまう。
会社の上司をより良く務めていく為にも、立派なお父さんでいる事は、大切な事なんだ。

慎重に、冷静にもの事に対し、重々しく、静かな空気を大切にする。
軽薄を嫌い、慌ただしさを避ける。
そこに真に落着いた暮しがある。

巧用第二十七

善《よ》く行《ゆ》くものには轍迹《てっせき》無《な》く、善《よ》く言《い》ふものには瑕讁《かたく》無《な》し。善《よ》く計《はか》るものは籌策《ちゅうさく》を用《もち》ひず、善《よ》く閉《とざ》すものは關楗《かんけん》無《な》くして開《ひら》く可《べ》からず、善《よ》く結《むす》ぶものは縄約《じょうやく》無《な》くして解《と》く可《べ》からず。」是《ここ》を以《もっ》て聖人《せいじん》は常《つね》に善《よ》く人《ひと》を救《すく》ふ、故《ゆえ》に棄人《きじん》無《な》し。常《つね》に善《よ》く物《もの》を救《すく》ふ、故《ゆえ》に棄物《きぶつ》無《な》し。是《これ》を襲明《しゅうめい》と謂《い》ふ。」故《ゆえ》に善人《ぜんにん》は不善人《ふぜんにん》の師《し》、不善人《ふぜんにん》は善人《ぜんにん》の資《し》なり。其《そ》の師《し》を貴《たっと》ばず、其《そ》の資《し》を愛《あい》せざれば、智《ち》なりと雖《いえど》も大《おお》いに迷《まよ》ふ。是《これ》を要妙《ようみょう》と謂《い》ふ。

善《よ》く行《ゆ》くものには轍迹無《てつせきな》く、善《よ》く言《い》ふものには瑕讁無《かたくな》し。

善《ぜん》とは実に凄いもの。「道」と通じ、一体になる最も良い方法が、自分の内にある善を発揮する事だ。善とは、人間としての正しい言動を言う。善は「道」と通じ合う心だ。

善の心で「道」と一体になった人が、車で行けば、無理や強引が一切無いから、車の跡さえ残さない。

善の心で言う人の言葉は、トゲも傷つける事もなく人の心に自然に入っていく。

善《よ》く計《はか》るものは籌策《ちゅうさく》を用《もち》ひず、善《よ》く閉《とざ》すものは關楗無《かんけんな》くして開《ひら》く可《べ》からず、善《よ》く結《むす》ぶものは縄約無《じょうやくな》くして解《と》く可《べ》からず。」

善の心で見ているから、正しく何でも摑《つか》み取れて、計算器など必要ない。善の心で見守っているから、ほんとうの要点が瞬間的に摑み取れ、厳重に閂《かんぬき》や鍵を用いることなく、しっかりと戸締りが出来る。

善の心で人に接するから、人の心が読める。だから詳細な契約書など必要ない。

心と心の絆を結ぶ事が出来るからだ。

是《ここ》を以《もっ》て聖人《せいじん》は常《つね》に善《よ》く人《ひと》を救《すく》ふ、故《ゆえ》に棄人《きじん》無《な》し。常《つね》に善《よ》く物《もの》を救《すく》ふ、故《ゆえ》に棄《き》物《ぶつ》無《な》し。是《これ》を襲明《しゅうめい》と謂《い》ふ。」

「道」を手本に善の心で生きている人は、人の心を見通せるから、真に人を救うことが出来る。

だからどんな人でも、物でも、その人や物の長所や特長を効果的に発揮させて、実にいきいきと活かして用いる事が出来る。

これを襲明という。明とは、能力がある、能力がないなどと人を長所と短所で見ること、更に頭の良い賢い人、頭の悪い愚な人など差別的見方をする事をいうが、それを襲う、つまり被《おお》ってしまう。

すると、その人ならではのすぐれたところが見えてくる。その人の得意の部分を引っ張り出してくれるから、誰だって能力がある優秀な賢い人になってしまう。

故《ゆえ》に善人《ぜんにん》は不善人《ふぜんにん》の師《し》、不善人《ふぜんにん》は善人《ぜんにん》の資《し》なり。

したがって「道」の心、善い心で生きている人から見れば、善人も不善人もない。

不善人だって充分により善く用いることが出来る。

其《そ》の師《し》を貴《たっと》ばず、其《そ》の資《し》を愛《あい》せざれば、智《ち》なりと雖《いえど》も大《おお》いに迷《まよ》ふ。是《これ》を要妙《ようみょう》と謂《い》ふ。

不善人の師である善人を貴《たっと》ばず、不善人を愛さなければ、智恵に富んだ人でも、迷いに陥ってしまう。

これをこの世の要《かなめ》にある妙、微妙な働きという。

達人は、強引で無理なやり方は絶対しない。
皆がその気になり、熟成してから、何事も、やおら始める。
だから自然に旨く行く。

反朴第二十八

其《そ》の雄《ゆう》を知《し》りて、其《そ》の雌《し》を守《まも》れば、天下《てんか》の谿《たに》と爲《な》る。天《てん》下《か》の谿《たに》と爲《な》れば、常徳離《じょうとくはな》れずして、嬰兒《えいじ》に復歸《ふくき》す。其《そ》の白《しろ》きを知《し》りて、其《そ》の黒《くろ》きを守《まも》れば、天下《てんか》の式《しき》と爲《な》る。天下《てんか》の式《しき》と爲《な》れば、常徳忒《じょうとくあらた》まらずして、無極《むきょく》に復歸《ふくき》す。其《そ》の榮《えい》を知《し》りて、其《そ》の辱《じょく》を守《まも》れば、天下《てんか》の谷《たに》と爲《な》る。天下《てんか》の谷《たに》と爲《な》れば、常徳乃《じょうとくすなわ》ち足《た》りて、朴《ぼく》に復歸《ふくき》す。朴散《ぼくさん》ずれば則《すなわ》ち器《き》と爲《な》る。聖人之《せいじんこれ》を用《もち》ふれば、則《すなわ》ち官長《かんちょう》と爲《な》る。故《ゆえ》に大制《たいせい》は割《さ》かざるなり。

其《そ》の雄《ゆう》を知《し》りて、其《そ》の雌《し》を守《まも》れば、天下《てんか》の谿《たに》と爲《な》る。

力で押し、打ち敗《ま》かす事を信条とする雄（男性）の特性は承知はしているが、愛想の良さで仲良くする事によって苦難を突破していく雌（女性）の特性を守っていれば、多くの物が集まる谷の様な存在になる。

天下《てんか》の谿《たに》と爲《な》れば、常徳離《じょうとくはな》れずして、嬰兒《えいじ》に復歸《ふくき》す。

人も情報も人情も集まる豊かな谷になれば、対立も張合う事も無用になるから、常に「道」の徳を振るえ、更に純真で無邪気な赤ん坊の様な気持で過ごしていられる。

其《そ》の白《しろ》きを知《し》りて、其《そ》の黑《くろ》きを守《まも》れば、天下《てんか》の式《しき》と爲《な》る。

白は輝いて美しいが汚れ易い。余りにも潔白過ぎると、かえって汚れ易い。そこで汚れ難い黒の持味も承知して、何事にも染まらずにいるといつも変らない不動の存在になるから、天下の手本になる。

天下《てんか》の式《しき》と爲《な》れば、常徳忒《じょうとくあらた》まらずして、無極《むきょく》に復歸《ふくき》す。

天下の手本になれば、「道」の徳が持続されて、宇宙の根源である「道」に帰った心持ちになる。

其《そ》の榮《えい》を知《し》りて、其《そ》の辱《じょく》を守《まも》れば、天下《てんか》の谷《たに》と爲《な》る。

栄誉を受ける誇らしさも承知して、更に人から馬鹿にされる屈辱も時にはあるものと思っていると、色々な物や人が集まる谷の様な存在になる。

天下《てんか》の谷《たに》と爲《な》れば、常徳乃《じょうとくすなわ》ち足《た》りて、朴《ぼく》に復歸《ふくき》す。

谷の様な存在になると、「道」の徳を振るうことが出来るから、「道」の特性である朴、切り出されたままの樹木と同じ様な素朴な心に帰ることが出来る。

朴散《ぼくさん》ずれば則《すなわ》ち器《き》と爲《な》る。

切り出された木材から多様な器が産み出されるように、人間もそれぞれ自分しか果せない役割を持てば社会や職場で役立つ存在になる。

聖人之《せいじんこれ》を用《もち》ふれば、則《すなわ》ち官長《かんちょう》と爲《な》る。故《ゆえ》に大制《たいせい》は割《さ》かざるなり。

「道」を手本として生きる人は、各々の自分の役割りを果している人々を充分に活用して用いる事が出来る。したがって、いつも全体を見て全体の力を発揮させるようにしていく事が大切なのだ。あまり一人一人ばかりを見ていると、細かい事ばかりに気が入りすぎて、全体を見失ってしまう。

この世は陰陽で出来ている。
陰があれば陽がある。
何事も、その反対があることを承知してやる事が、旨くやる秘訣だ。

無爲第二十九

天下《てんか》を取《と》りて之《これ》を爲《おさ》めんと將欲《しょうよく》するは、吾其《われそ》の得《え》ざるを見《み》るのみ。天下《てんか》は神器《しんき》、爲《おさ》む可《べ》からざるなり。爲《おさ》むる者《もの》は之《これ》を敗《やぶ》り、執《と》る者《もの》は之《これ》を失《うしな》ふ。故《ゆえ》に物或《ものあるい》は行《ゆ》き或《あるい》は隨《したが》ふ。或《あるい》は呴《く》し或《あるい》は吹《ふ》く。或《あるい》は强《つよ》め或《あるい》は羸《よわ》む。或《あるい》は載《の》せ或《あるい》は隳《おと》す。是《ここ》を以《もっ》て聖人《せいじん》は、甚《はなは》だしきを去《さ》り、奢《しゃ》を去《さ》り、泰《たい》を去《さ》る。

天下《てんか》を取《と》りて之《これ》を爲《おさ》めんと將欲《しょうよく》するは、吾其《われそ》の得《え》ざるを見《み》るのみ。

何ごとも成し遂げようとして、余りにも自分の思惑で人為的になり過ぎると、うまく行くべき事も、そうならない事が多い。

天下《てんか》は神器《しんき》、爲《おさ》む可《べ》からざるなり。

どうしてかといえば、天下は偉大なる力の持主、人の知恵や力量を超《こ》えた神の力がつくったものであるから、人間ごときの力のみで思った様にしようとしてもそうならないのだ。

爲《おさ》むる者《もの》は之《これ》を敗《やぶ》り、執《と》る者《もの》は之《これ》を失《うしな》ふ。

人為は必ず失敗するし、自力のみの過信で取り仕切ろうとすると、全てを失う結果になる。

故《ゆえ》に物《もの》或《あるい》は行《ゆ》き或《あるい》は随《したが》ふ。

だから、もの事は、この世に漂う「道」の力を無視して、自分の力ばかりで行おうとすると、結局はうまく進めず、人の後に従う事になる。

或《あるい》は呴《く》し或《あるい》は吹《ふ》く。

寒い時に手先の冷えを避けようと、息を吹きかけて温めようとするが、強過ぎるともっと冷やしてしまう結果になる。

或《あるい》は強《つよ》め或《あるい》は羸《よわ》む。或《あるい》は載《の》せ或《あるい》は隳《おと》す。

だから強めようとすればするほど弱める事になり、沢山載せようとすればするほど、載せたものを端から落してしまう事にもなる。

是《ここ》を以《もっ》て聖人《せいじん》は、甚《はなは》だしきを去《さ》り、奢《しゃ》を去《さ》り、泰《たい》を去《さ》る。

これこそがこの世でもの事を円滑に旨く行う秘訣なのだ。だから普通の程度を超えた強引さやいい気になって自惚れて、もの事を馬鹿にしたり軽く見たりする事は絶対にしてはいけないのだ。

天下は神器。
われわれは、その神器に住んでいることを忘れてはならない。
だから、いつも一つ一つを丁寧に扱う。
甚《はなは》だしいやり方は敵だ。

倹武第三十

道《みち》を以《もっ》て人主《じんしゅ》を佐《たす》くる者《もの》は、兵《へい》を以《もっ》て天下《てんか》に強《つよ》くせず。其《そ》の事《こと》好《よ》く還《かえ》る。師《し》の處《お》る所《ところ》には、荊棘《けいきょく》生《しょう》ず。大軍《たいぐん》の後《のち》には、必《かなら》ず凶年《きょうねん》有《あ》り。善《ぜん》なる者《もの》は果《か》なるのみ。敢《あえ》て以《もっ》て強《きょう》を取《と》らず。果《か》にして矜《ほこ》る勿《な》かれ、果《か》にして伐《ほこ》る勿《な》かれ、果《か》にして驕《おご》る勿《な》かれ、果《か》にして已《や》むを得《え》ざれ、果《か》にして強《きょう》なる勿《な》かれ。

物壮《ものさかん》なれば則《すなわ》ち老《お》ゆ。是《これ》を不道《ふどう》と謂《い》ふ。不道《ふどう》なれば早《はや》く已《や》む。

道《みち》を以《もっ》て人主《じんしゅ》を佐《たす》くる者《もの》は、兵《へい》を以《もっ》て天下《てんか》に強《つよ》くせず。

相手の気をよく読み、無理なく自然の力を活用する事を「道」から教えられている人は、腕ずく、力ずくで、武力や権力で天下をもぎ取るような事はしない。

其《そ》の事《こと》好《よ》く還《かえ》る。

だから、ごく自然な形で好結果が得られるのだ。

師《し》の處《お》る所《ところ》には、荊棘《けいきょく》生《しょう》ず。

だいたい軍隊というものは、腕ずく、力ずくの象徴で、戦って人を殺す事を目的とした殺伐とした巨大な集団なのである。それが駐屯した所は、当分の間農地として使えなくなる。雑草やイバラの荒地となってしまう。

大軍《たいぐん》の後《のち》には、必《かなら》ず凶年《きょうねん》有《あ》り。

したがって、軍隊が動いた後の年は数年凶作が続き、民を飢餓に陥れる。人を守るのが軍隊の筈ではないか。一体何の為の誰の為の軍隊なんだ。

善《ぜん》なる者《もの》は果《か》なるのみ。敢《あえ》て以《もっ》て強《きょう》を取《と》らず。

だからほんとうに賢い者は、結果を良くしようと思えば、腕ずく、力ずくの強引なやり方は決して採用しない。

果《か》にして矜《ほこ》る勿《な》かれ、果《か》にして伐《ほこ》る勿《な》かれ、果《か》にして驕《おご》る勿《な》かれ、果《か》にして已《や》むを得《え》ざれ、果《か》にして強《きょう》なる勿《な》かれ。

好結果を得た後もまた大切だ。好結果が出たからとして、その業績やそれを生み出した自分の能力を自慢したりしない。自慢して得意になる事は、結果として自分以外の他の人を莫迦にする事になり、それは力づく、腕づくで封じ込める事と同じ事なのだ。

物壮《ものさかん》なれば則《すなわ》ち老《お》ゆ。是《これ》を不道《ふどう》と謂《い》ふ。不道《ふどう》なれば早《はや》く已《や》む。

人生においても壮年期は、年季も入り、慣れもあって、しかもまだまだエネルギッシュだから、いつしか強引に事を進めようとしてしまう。

それは無駄に元気や精気を使ってしまう事になるから、早く老いてしまう。

しかもそれは道の説く生き方に反するから〝生命《いのち》〟を無駄使いする事にもなるのだ。

強引に腕ずくでやった事で、旨く終った事があるだろうか。
それはただ一つの心根から来る。
おごり、たかぶりの心だ。

偃武第三十一

夫《そ》れ佳兵《かへい》は不祥《ふしょう》の器《き》なり。物《もの》或《つね》に之《これ》を悪《にく》む。故《ゆえ》に有道者《ゆうどうしゃ》は處《お》らざるなり。君子《くんし》居《お》りては則《すなわ》ち左《ひだり》を貴《たっと》び、兵《へい》を用《もち》ふるときは則《すなわ》ち右《みぎ》を貴《たっと》ぶ。兵《へい》は不祥《ふしょう》の器《き》、君子《くんし》の器《き》に非《あら》ず。已《や》むを得《え》ずして之《これ》を用《もち》ふるも、恬淡《てんたん》を上《じょう》と爲《な》す。勝《か》ちて美《び》とせず。而《しか》るに之《これ》を美《び》とする者《もの》は、是《こ》れ人《ひと》を殺《ころ》すを樂《たの》しむなり。夫《そ》れ人《ひと》を殺《ころ》すを樂《たの》しむ者《もの》は、則《すなわ》ち以《もっ》て志《こころざし》を天下《てんか》に得《う》可《べ》からず。吉事《きつじ》には左《ひだり》を貴《たっと》び、凶事《きょうじ》には右《みぎ》を貴《たっと》ぶ。偏將《へんしょう》軍《ぐん》は左《ひだり》に處《お》り、上將軍《じょうしょうぐん》は右《みぎ》に處《お》る。喪禮《そうれい》を以《もっ》て之《これ》に處《お》るを言《い》ふ。人《ひと》を殺《ころ》すことの衆《おほ》きときは、悲哀《ひあい》を以《もっ》て之《これ》に泣《な》き、戰《たたかい》勝《か》ちては喪禮《そうれい》を以《もっ》て之《これ》に處《お》る。

夫《そ》れ佳兵《かへい》は不祥《ふしょう》の器《き》なり。

軍隊とはそもそも相手を殺す事を目的とする人間集団だから、優秀であるほど不吉な集団と思うべきではなかろうか。

物或《ものつね》に之《これ》を悪《にく》む。故《ゆえ》に有道者《ゆうどうしゃ》は処《お》らざるなり。

よくよく考えれば、人をより良く生かそうとする「道」の考えと反対する存在だから、歓迎すべき集団ではない。だから長寿を説く道を手本に生きている者は加わろうとはしない。

君子《くんし》居《お》りては則《すなわ》ち左《ひだり》を貴《たっと》び、兵《へい》を用《もち》ふるときは則《すなわ》ち右《みぎ》を貴《たっと》ぶ。

立派な人間は日常は左を貴ぶが、武器を使う時は右を貴ぶ。武器を使うとは、日常でない異常なことだといっているのだ。

兵《へい》は不祥《ふしょう》の器《き》、君子《くんし》の器《き》に非《あら》ず。

したがって武器は不吉な道具だから立派な人間が使う道具ではない。

已《や》むを得《え》ずして之《これ》を用《もち》ふるも、恬淡《てんたん》を上《じょう》と為《な》す。

已むなく戦わざるを得ない時はどうするのか。
その精神は、軍隊においては全て「あっさりと」が最上である。

勝《か》ちて美《び》とせず。

勝利したとしても、それを善い事、誇るべき事、つまり美しい事とするべきではない。

而《しか》るに之《これ》を美《び》とする者《もの》は、是《こ》れ人《ひと》を殺《ころ》すを楽《たの》しむなり。

もしそれを善い事、誇るべき事、つまり美しい事としてしまうと、人間というヤツはいつしか人を殺す事を楽しむようになってしまうものだ。

夫《そ》れ人《ひと》を殺《ころ》すを楽《たの》しむ者《もの》は、則《すなわ》ち以《もっ》て志《こころざし》を天下《てんか》に得可《うべ》からず。

そんな人を殺す事を楽しむような者は、志のある者としない。人を何とかより良く生かせないかと懸命に励んでいる「道」からすれば、どういう理屈であれ、人を殺すという非人間的な事が、志という崇高なものとは、どうしても一致しないのだ。

吉事《きつじ》には左《ひだり》を貴《たっと》び、凶事《きょうじ》には右《みぎ》を貴《たっと》ぶ。

古来、お慶びごと、お祝いごとの吉事は左を貴んで来た。葬式などの凶事は右を貴んで来た。

偏将軍《へんしょうぐん》は左《ひだり》に處《お》り、上将軍《じょうしょうぐん》は右《みぎ》に處《お》る。喪禮《そうれい》を以《もっ》て之《これ》に處《お》るを言《い》ふ。

軍隊というものが決して誉められた存在ではない証拠に、位が上の最上位の将軍が、凶事の右にいて、位が下の将軍ほど吉事の左にいるではないか。それは軍隊を葬式の様なものと思っているからだ。

人《ひと》を殺《ころ》すことの衆《おお》きときは、悲哀《ひあい》を以《もっ》て之《これ》に泣《な》き、戦勝《たたかいか》ちては喪禮《そうれい》を以《もっ》て之《これ》に處《お》る。

だから軍隊においても、味方・敵を問わず人を殺した数が多い時ほど、悲しむべきだし、例え戦いに勝ったとしても葬式の心でこれを迎えるべきなのだ。

人が最も大切にするべきは何か。
それは生命《いのち》だ。
その生命の光を消して行くのが戦争だ。
だから最もあってはならない行為だ。
こんな簡単な事がいまだに守られない。

聖徳第三十二

道《みち》は常《つね》に名無《なな》し。朴《ぼく》は小《しょう》なりと雖《いえど》も天下《てんか》敢《あえ》て臣《しん》とせず。侯王《こうおう》若《も》し能《よ》く之《これ》を守《まも》らば、萬物《ばんぶつ》将《まさ》に自《おのずか》ら賓《ひん》せんとす。天地《てんち》相合《あいがっ》して以《もっ》て甘露《かんろ》を降《くだ》し、民《たみ》は之《これ》に令《れい》する莫《な》くして自《おのずか》ら均《ひと》し。始《はじ》めて制《さ》けて名有《なあ》り。名《な》も亦既《またすで》に有《あ》れば、夫《そ》れ亦将《またまさ》に止《とど》まるを知《し》らんとす。止《とど》まるを知《し》るは殆《あやう》からざる所以《ゆえん》なり。道《みち》の天下《てんか》に在《あ》るを譬《たと》ふれば、猶《な》ほ川谷《せんこく》の江海《こうかい》に與《くみ》するがごとし。

道《みち》は常《つね》に名無《なな》し。

「道」は凄すぎてどう表現して良いか解らないものだから、名付けようもない。だから常に名前が無い。

朴《ぼく》は小《しょう》なりと雖《いえど》も天下《てんか》敢《あえ》て臣《しん》とせず。

しかし敢えて名付ければ、「朴」と呼ぶのが良いだろう。朴とは樸、切り出したばかりで何の手も施していない状態の木材だ。これから何が産み出されるのか。計り知れない可能性に充ち溢れている。人間でいえば、そうした人は、どんなに低い身分でも、誰も自分の使用人にして好き勝手に使うことが出来ないものだ。

侯王若《こうおうも》し能《よ》く之《これ》を守《まも》らば、萬物将《ばんぶつまさ》に自《おのずか》ら賓《ひん》せんとす。

普通の人だってこの様なのだから、王様という位がある人が、道を守って生きていれば、万民、万物が自分の王として従うだろう。

天地《てんち》相合《あいがつ》して以《もっ》て甘露《かんろ》を降《くだ》し、民《たみ》は之《これ》に令《れい》する莫《な》くして自《おのずか》ら均《ひと》し。

天地だって、そういう王には、お目出度い事が起きる前兆の甘露の雨を降らし、国民は特別に命令を発しなくても、自然に他人と分け隔てなく暮すようになる。

始《はじ》めて制《さ》けて名《な》有《あ》り。

大きな木材が細かに切られて、色々な器になっていく。その末に各々に名前が付けられていく。

名《な》も亦既《またすで》に有《あ》れば、夫《そ》れ亦将《またまさ》に止《とど》まるを知《し》らんとす。

大きな木材が切られて分かれて、多様な物となるわけだが、細かに切り過ぎてしまうとかえって何も生じない。

だから、最も良いところで、作業を止める必要がある。

止《とど》まるを知《し》るは殆《あやう》からざる所以《ゆえん》なり。

何事においても停止、中止することを恐れないで注意深く慎重に行うから、危うさというものがない。

道《みち》の天下《てんか》に在《あ》るを譬《たと》ふれば、猶《な》ほ川谷《せんこく》の江海《こうかい》に與《くみ》するがごとし。

「道」と、「道」の精神で生きる人間のこの世に在るを例えれば、川や谷の水がやがて海に注ぐ様に、全ての物の集積するところといえる。

上位に行けばゆくほど守るべきは、謙虚だ。
質撲《しつぼく》を最上としている人は、天地も万物も大切にする。
だからもの事が旨く進む。

辯徳第三十三

人《ひと》を知《し》る者《もの》は智《ち》、自《みずか》らを知《し》る者《もの》は明《めい》なり。人《ひと》に勝《か》つ者《もの》は力《ちから》有《あ》り、自《みずか》らに勝《か》つ者《もの》は強《つよ》し。足《た》るを知《し》る者《もの》は富《と》み、強《つと》めて行《おこな》ふ者《もの》は志《こころざし》有《あ》り。其《そ》の所《ところ》を失《うしな》はざる者《もの》は久《ひさ》しく、死《し》して亡《ほろ》びざる者《もの》は壽《じゅ》なり。

人《ひと》を知《し》る者《もの》は智《ち》、自《みずか》らを知《し》る者《もの》は明《めい》なり。

自分以外の人を知る、あるいは知人がやたらと多いという人は、それは智のある人といえる。

しかし、もっと上の人がいる。それはこの世で最も難しい自分をよくよく知っている人だ。こういう人を明、真にもの事がよく見えている人と言う。

人《ひと》に勝《か》つ者《もの》は力《ちから》有《あ》り、自《みずか》らに勝《か》つ者《もの》は強《つよ》し。

他人に勝つ者は、それは能力や力量がある人と言ってよい。しかし世の中で最も難しいのは自分だ。その自分に勝つ人こそが、ほんとうの強者と言える。

「西郷南洲翁遺訓」にも次の言葉がある。

「総じて人は己れに克つを以て成り、自ら愛するを以て敗るるぞ」

足《た》るを知《し》る者《もの》は富《と》み、強《つと》めて行《おこな》ふ者《もの》は志《こころざし》有《あ》り。

足るを知るとは、常に感謝の心を失わないという事。そういう人が真の富者だ。大富豪や大金持でもいつも不平不満で心の満足の無い人は、富者とはいわない。むしろ貧者だ。道の精神こそ感謝の心で、それを強化して生きる者こそ、大志の持主といえる。

其《そ》の所《ところ》を失《うしな》はざる者《もの》は久《ひさ》しく、死《し》して亡《ほろ》びざる者《もの》は壽《じゅ》なり。

そうした感謝の心で生きる姿勢を失わない者は、満足が永続きする。そればかりでなく、死んだ後にも語り草になるから、真の長壽《ちょうじゅ》の人といえる。

一番手強い敵は自分だ。
その自分にいつも命じるべきは、「足るを知る者は富」、感謝の心を忘れない事だ。

任成第三十四

大道氾《だいどうはん》として、其《そ》れ左右《さゆう》す可《べ》し。萬物之《ばんぶつこれ》を恃《たの》みて生《しょう》ずるも、而《しか》も辭《じ》せず。功成《こうな》りて名《な》を有《ゆう》せず。萬物《ばんぶつ》を愛養《あいよう》して、主《しゅ》と爲《な》らず。常《つね》に無欲《むよく》なれば小《しょう》と名《な》づく可《べ》し。萬物之《ばんぶつこれ》に歸《き》して、主《しゅ》と爲《な》らず。名《な》づけて大《だい》と爲《な》す可《べ》し。是《ここ》を以《もっ》て聖人《せいじん》、終《つい》に自《みずか》ら大《だい》とせず。故《ゆえ》に能《よ》く其《そ》の大《だい》を成《な》す。

大道《だいどう》氾《はん》として、其《そ》れ左右《さゆう》す可《べ》し。

大いなる道の働きは、目には見えないが確実にこの世に溢れているのだ。左から右へ、右から左へと行き渡っている。

萬物《ばんぶつ》之《これ》を恃《たの》みて生《しょう》ずるも、而《しか》も辭《じ》せず。

この世の万物、その中には私もあなたもいるのだが、全てが「道」から生まれて来ている。この働きはこうしている間も絶え間なく行われているが、それは「道」は自ら言おうとはしない。

功《こう》成《な》りて名《な》を有《ゆう》せず。

もの事を旨く見事に成功させたり、人間を成功者にしたりしているのだが、自分がやったと名乗り出る事はしない。

萬物《ばんぶつ》を愛養《あいよう》して、主《しゅ》と爲《な》らず。

自分の生んだ万物に愛情を注ぎ、成長養育させているのだが、その主人になって自分のものだといわんばかりの要求は一切しない。

常《つね》に無欲《むよく》なれば小《しょう》と名《な》づく可《べ》し。

つまり常に無欲なのだ。欲が大手を振るって闊歩している現代では、無欲の存在など少しも目立たない。小さい存在といえる。

萬物之《ばんぶつこれ》に歸《き》して、主《しゅ》と爲《な》らず。名《な》づけて大《だい》と爲《な》す可《べ》し。

万物は常に、やがて一生を終え「道」に帰る。という事は、私もあなたも「道」の片割れなのだ。だから生きているうちも「道」の心を失わない。だからあくまでも主人や主役にはならない。そういう大きな心の持主という点では大きな存在といえるのだ。

是《ここ》を以《もっ》て聖人《せいじん》、終《つい》に自《みずか》ら大《だい》とせず。故《ゆえ》に能《よ》く其《そ》の大《だい》を成《な》す。

「道」の在り様を自己の在り様とする人も、「道」を見習って自分から自分を大きな存在とすることはない。だからこそ他人から尊重され大きな存在になるのだ。

> 仕事の面白さは、取り組んでいる最中にある。
> 成功したからといって自慢したりする事は、余計な事だ。
> そんな時間があったら、さっさと次の仕事に取り組んで、また楽しむべきだ。

仁徳第三十五

大象《だいしょう》を執《と》りて天下《てんか》に往《ゆ》けば、往《ゆ》くとして害《がい》せられず、安《あん》平太《ぺいたい》なり。樂《がく》と餌《じ》とは、過客《かきゃく》止《とど》まる。道《みち》の口《くち》より出《い》づるとき、淡《たん》として其《そ》れ味《あじ》無《な》し。之《これ》を視《み》れども見《み》るに足《た》らず、之《これ》を聴《き》けども聞《き》くに足《た》らざるも、之《これ》を用《もち》ふれば旣《つ》くす可《べ》からず。

大象《だいしょう》を執《と》りて天下《てんか》に往《ゆ》けば、往《ゆ》くとして害《がい》せられず、安平太《あんぺいたい》なり。

大象とは「道」だ。「道」を手本とし、道の在り様を自分の在り様にして生きてゆけば、決して害される事なく、平安な人生が得られる。そうして生きている人が多くなれば天下太平となるのだ。

樂《がく》と餌《じ》とは、過客《かきゃく》止《とど》まる。道《みち》の口《くち》より出《い》づるとき、淡《たん》として其《そ》れ味無《あじな》し。

美しい音楽と豪華な料理があれば、誰もがそれ等に引き付けられて、行き過ぎようとしている人だって足を止める。

しかし「道」というものを語っても、あっさりとして当り前の事の様に受け取られるから、足を止める人もいない。こうした普通で当り前の事こそが有り難いのだ。

之《これ》を視《み》れども見《み》るに足《た》らず、之《これ》を聴《き》けども聞《き》くに足《た》らざるも、之《これ》を用《もち》ふれば既《つ》くす可《べ》からず。

「道」というものは、見ようとしても見えないし、その声を聞こうとしても聞けないもので、目立たないものだから、特に注目を集めるものではない。しかし、「道」を頼りにし、「道」を手本としてその教えを守って生きれば、その力は尽きる事がない。

ビジネスの世界でも同様の事をいい出した。

二十一世紀の経営のキーワードは「invisible,inaudible,intangible」

「見えない、聞こえない、触《さわ》れない」ものの重視といわれている。


「道」の説いている教えは、華やかさも濃厚さも無い。

この地味で無味な教えこそ、人生の安心、安全、安泰を与えてくれるのだ。

微明第三十六

之《これ》を歙《ちぢ》めんと將欲《しょうよく》せば、必《かなら》ず固《しば》らく之《これ》を張《は》る。之《これ》を弱《よわ》めんと將欲《しょうよく》せば、必《かなら》ず固《しば》らく之《これ》を強《つよ》くす。之《これ》を廢《はい》せんと將欲《しょうよく》せば、必《かなら》ず固《しば》らく之《これ》を興《おこ》す。之《これ》を奪《うば》はんと將欲《しょうよく》せば、必《かなら》ず固《しば》らく之《これ》に與《あた》ふ。是《これ》を微明《びめい》と謂《い》ふ。柔弱《じゅうじゃく》は剛強《ごうきょう》に勝《か》つ。魚《うお》は淵《ふち》より脱《だっ》す可《べ》からず。國《くに》の利器《りき》は、以《もっ》て人《ひと》に示《しめ》す可《べ》からず。

之《これ》を歙《ちぢ》めんと将欲《しょうよく》せば、必《かなら》ず固《しば》らく之《これ》を張《は》る。

道の働きは、「陰陽」だ。陰（遠心力）があれば、必ず陽（求心力）がある。反対があるのだ。
何かを縮めようとすれば、必ずまず引っ張って広げることから始める。

之《これ》を弱《よわ》めんと将欲《しょうよく》せば、必《かなら》ず固《しば》らく之《これ》を強《つよ》くす。

何かを弱くしようとすれば、必ずまず強くする事から始める。

之《これ》を廢《はい》せんと将欲《しょうよく》せば、必《かなら》ず固《しば》らく之《これ》を興《おこ》す。

何かを廃止しようとすれば、必ずまず興して活発にする。

之《これ》を奪《うば》はんと将欲《しょうよく》せば、必《かなら》ず固《しば》らく之《これ》に與《あた》ふ。

何かを奪おうとすれば、必ずまず与える事から始める。

是《これ》を微明《びめい》と謂《い》ふ。

こうした反対から始める、つまり陰を目的とすれば陽から、陽を目的とすれば陰から始める微妙な働きを微明、微妙で玄妙なこの世の道理をよく読んでマスター（熟達）し、活用する事をいう。

柔 弱《じゅうじゃく》は剛強《ごうきょう》に勝《か》つ。

その極みは、柔らかでしなやかな方が固く強い事よりも勝つ。固く強いものは、結局はポッキリ折れてしまうが、柔軟なものは、結局は元に戻る。復元力があるからだ。

イチロー選手は、パワーヒッティングの大リーガーと互角に渡り合う為に「見えないものを見る＝次の一球が見える事。そして柔軟な力＝柔軟なバットコントロール」で勝負している。

魚《うお》は淵《ふち》より脱《だっ》す可《べ》からず。國《くに》の利器《りき》は、以《もっ》て人《ひと》に示《しめ》す可《べ》からず。

魚は水から脱してしまえば、生きて行けない。
国も同じことで、その保持する権力や権力という利器を何かといえば振りかざしていると、そのうち何の効力もないものになってしまう。

何事もその反対を行ってから、本題に入ると旨く行く。
何故なら、それがこの世の道理だ。
この世は微妙に出来ている。
だから荒っぽく、大雑把なやり方は通用しない。

爲政第三十七

道《みち》は常《つね》に無爲《むい》なれども、而《しか》も爲《な》さざる無《な》し。侯王《こうおう》若《も》し能《よ》く守《まも》らば、萬物《ばんぶつ》將《まさ》に自《おのずか》ら化《か》せんとす。化《か》して欲作《よくおこ》らば、吾《われ》將《まさ》に之《これ》を鎮《しず》むるに無名《むめい》の朴《ぼく》を以《もっ》てせんとす。無名《むめい》の朴《ぼく》もてせば、亦將《またまさ》に欲《ほっ》せざらん。欲《ほっ》せず以《もっ》て靜《しず》かなれば、天下《てんか》將《まさ》に自《おのずか》ら定《さだ》まらんとす。

道《みち》は常《つね》に無爲《むい》なれども、而《しか》も爲《な》さざる無《な》し。


「道」は作為的に、人為的に何かをやろうという事は全く無い。だから行えない事が無い。何故なら「無為」だからだ。無為とは、歩き始めの幼児に寄り添って歩くように、〝緊張感をもって見守る〟事。だから、流れが読めるのだ。

暮しの中でいえば、一日の中にも流れがある。

仕事でいえば、会議の中にも流れがある。

スポーツでいえば、試合の中にも流れがある。

この流れを緊張感をもって見守る事だ。

それが無為だ。

そうすれば、高速道路の流れに入るように、円滑に進むのだ。


侯王《こうおう》若《も》し能《よ》く守《まも》らば、萬物《ばんぶつ》将《まさ》に自《おのず》ら化《か》せんとす。

人の上に立つ者は、必ず「道」のこの精神をもって行うのが良い。自分の思い通りにしてやろうなどと、作為的、人為的に事を進めず、各自に自分に合ったやり方で自由にやらせるから、皆無理なくいきいきと行う事が出来る。

化《か》して欲作《よくおこ》らば、吾将《われまさ》に之《これ》を鎮《しず》むるに無名《むめい》の朴《ぼく》を以《もっ》てせんとす。無名《むめい》の朴《ぼく》もてせば、亦将《またまさ》に欲《ほっ》せざらん。

しかし、そうして行っている間にも欲は起こる。
その欲を鎮める為にはどうすれば良いのか。
「無名の朴」に帰れと「道」はいっている。
無名の朴とは、まだ修業中の身であった頃の〝やるせない〟自分に帰れば、その欲が過度なものなのかが解る。

欲《ほっ》せず以《もっ》て靜《しず》かなれば、天下将《てんかまさ》に自《おのずか》ら定《さだ》まらんとす。

こうして欲が鎮まって、冷静な心になれば、何事でも不思議と自然と落着くべきところに落着くものだ。

無為になれば、出来ない事が無い。

作為、人為は旨く行かない。

何故か。

「無為自然」

無為になれば自《おの》ずと然《しか》りの結果が得られるのだ。

論徳第三十八

上徳《じょうとく》は徳《とく》とせず、是《ここ》を以《もっ》て徳《とく》有《あ》り。下徳《かとく》は徳《とく》を失《うしな》はざらんとす、是《ここ》を以《もっ》て徳無《とくな》し。上徳《じょうとく》は無為《むい》にして、以《もっ》て為《な》せりとする無《な》し。下徳《かとく》は之《これ》を為《な》して、以《もっ》て為《な》せりとする有《あ》り。上仁《じょうじん》は之《これ》を為《な》して、以《もっ》て為《な》せりとする無《な》し。上義《じょうぎ》は之《これ》を為《な》して、以《もっ》て為《な》せりとする有《あ》り。上禮《じょうれい》は之《これ》を為《な》して、之《これ》に應《おう》ずる莫《な》ければ、則《すなわ》ち臂《ひじ》を攘《ひ》いて之《これ》に仍《よ》らしむ。故《ゆえ》に道《みち》を失《うしな》ひて後徳《のちとく》、徳《とく》を失《うしな》ひて後仁《のちじん》、仁《じん》を失《うしな》ひて後義《のちぎ》、義《ぎ》を失《うしな》ひて後禮《のちれい》あり。夫《そ》れ禮《れい》は忠信《ちゅうしん》の薄《はく》にして亂《らん》の首《はじめ》なり。前識者《ぜんしきしゃ》は道《みち》の華《か》にして愚《ぐ》の始《はじめ》なり。是《ここ》を以《もっ》て大丈夫《だいじょうふ》は、其《そ》の厚《あつ》きに處《お》りて、其《そ》の薄《うす》きに居《お》らず。其《そ》の實《じつ》に處《お》りて、其《そ》の華《か》に居《お》らず。故《ゆえ》に彼《かれ》を去《さ》りて此《これ》を取《と》る。

上徳《じょうとく》は徳《とく》とせず、是《ここ》を以《もっ》て徳有《とくあ》り。

道の教えにかなって暮している人を〝徳のある人〟という。その中でも最上の徳ある人は、特別に意識しなくとも、「道」の教えにかなって暮している人だ。

下徳《かとく》は徳《とく》を失《うしな》はざらんとす、是《ここ》を以《もっ》て徳無《とくな》し。

やっと徳を身に付けた人は、特別に意識して常に徳の有無を気にしているから、かえって徳から外れた行いになってしまう。

上徳《じょうとく》は無爲《むい》にして、以《もっ》て爲《な》せりとする無《な》し。

最上の徳ある人は、作為も人為もなく、思惑をもって敢えて徳を尽そうなどと思わないから、より良い徳を発揮する事が出来る。

下徳《かとく》は之《これ》を爲《な》して、以《もっ》て爲《な》せりとする有《あ》り。

やっと徳を身に付けた人は、意識的に徳を行うから、わざとらしく見えて、かえって台無しになる事が多い。

上仁《じょうじん》は之《これ》を爲《な》して、以《もっ》て爲《な》せりとする無《な》し。

徳の次の仁のレベルの人は、仁、思いやりを相手に与えても、それを気付かせない。

上義《じょうぎ》は之《これ》を爲《な》して、以《もっ》て爲《な》せりとする有《あ》り。

仁の次の義の人は、義を示すと、義を果したことを相手にいう。

上禮《じょうれい》は之《これ》を爲《な》して、之《これ》に應《おう》ずる莫《な》ければ、則《すなわ》ち臂《ひじ》を攘《ひ》いて之《これ》に仍《よ》らしむ。

義の次の礼の人は、礼を示して相手がそれに応じなければ、臂を引っ張って、礼を返せと強要する。

故《ゆえ》に道《みち》を失《うしな》ひて後徳《のちとく》、徳《とく》を失《うしな》ひて後仁《のちじん》、仁《じん》を失《うしな》ひて後義《のちぎ》、義《ぎ》を失《うしな》ひて後禮《のちれい》あり。

徳仁義礼といっても、それは道を失った後の状態の事なのだ。「道」こそ貫き通すべき私達の手本なのだ。

夫《そ》れ禮《れい》は忠信《ちゅうしん》の薄《はく》にして亂《らん》の首《はじめ》なり。

例えば礼は、世の中に忠と信を大切にする気風が薄くなればなるほど、声高に強制するものとなる。だから世が乱れる前兆といって良い。

前識者《ぜんしきしゃ》は道《みち》の華《か》にして愚《ぐ》の始《はじめ》なり。

何事も多くの人に先んじて知っている人は、自ら実践することもないただ単なる〝口先人間〟で、世の中の〝あだ花〟であり、愚者の典型といって良い。

是《ここ》を以《もっ》て大丈夫《だいじょうふ》は、其《そ》の厚《あつ》きに處《お》りて、其《そ》の薄《うす》きに居《お》らず。其《そ》の實《じつ》に處《お》りて、其《そ》の華《か》に居《お》らず。故《ゆえ》に彼《かれ》を去《さ》りて此《これ》を取《と》る。

したがって、しっかりした人間は、人間としての実、実践、実力、実態を重視して生きている。どうでも良いこと、〝見栄、外聞、見てくれ〟の世界には行かないで、「道」を重視し、「道」にかなった生き方を取るのだ。

> 礼を身に付けたら、次は義。
> 義を身に付けたら、次は仁。
> 仁を身に付けたら、次は徳。
> 徳を身に付けたら、次は「道」。
> この順番で人間らしくなる。

法本第三十九

　昔《むかし》は之《こ》れ一《いつ》を得《う》る者《もの》ありき。天《てん》は一《いつ》を得《え》て以《もっ》て清《きよ》く、地《ち》は一《いつ》を得《え》て以《もっ》て寧《やす》く、神《しん》は一《いつ》を得《え》て以《もっ》て靈《れい》に、谷《たに》は一《いつ》を得《え》て以《もっ》て以《もっ》て盈《み》ち、萬物《ばんぶつ》は一《いつ》を得《え》て以《もっ》て生《い》き、侯王《こうおう》は一《いつ》を得《え》て以て天下《てんか》の正《せい》を爲《な》せり。其《そ》れ之《これ》を致《いた》せしものは一《いつ》なり。

　天《てん》以《もっ》て清《きよ》きこと無《な》くんば、將《まさ》に恐《おそ》らくは裂《さ》けんとす。地《ち》以《もっ》て寧《やす》きこと無《な》くんば、將《まさ》に恐《おそ》らくは發《くず》れんとす。神《しん》以《もっ》て靈《れい》なること無《な》くんば、將《まさ》に恐《おそ》らくは歇《や》まんとす。谷《たに》以《もっ》て盈《み》つること無《な》くんば、將《まさ》に恐《おそ》らくは竭《つ》きんとす。萬物《ばんぶつ》以《もっ》て生《い》くること無《な》くんば、將《まさ》に恐《おそ》らくは滅《ほろ》びんとす。侯王《こうおう》以《もっ》て貴《き》高《こう》なること無《な》くんば、將《まさ》に恐《おそ》らくは蹷《たお》れんとす。故《ゆえ》に貴《き》は賤《せん》を以《もっ》て本《もと》と爲《な》し、高《たか》きは必《かなら》ず下《ひく》きを以《もっ》て基《もとい》と爲《な》す。是《ここ》を

以《もっ》て侯王自《こうおうみずか》ら孤《こ》・寡《か》・不穀《ふこく》と謂《い》ふ。此《こ》れ賤《せん》を以《もっ》て本《もと》と爲《な》すに非《あら》ずや。非《ひ》なるか。故《ゆえ》に數譽《すうよ》を致《いた》せば譽《ほまれ》無《な》し。琭琭《ろくろく》として玉《たま》の如《ごと》くならんと欲《ほっ》せざれ。落落《らくらく》として石《いし》の如《ごと》くあれ。

＊

昔《むかし》は之《こ》れ一《いつ》を得《う》る者《もの》ありき。

昔に一、すなわち「道」の「大本《おおもと》の気」を得た者がいる。大本の気とは、「道」の核《コア》ともいうべき根源、これ無くして「道」にあらずという「道」の真ん中を成す気だ。

天《てん》は一《いつ》を得《え》て以《もっ》て清《きよ》く、地《ち》は一《いつ》を得《え》て以《もっ》て寧《やす》く、神《しん》は一《いつ》を得《え》て以《もっ》て靈《れい》に、谷《たに》は一《いつ》を得《え》て以《もっ》て盈《み》ち、萬物《ばんぶつ》は一《いつ》を得《え》て以《もっ》て生《い》き、侯王《こうおう》は一《いつ》を得《え》て以《もっ》て天下《てんか》の正《せい》を爲《な》せり。

天は、この大本の気を得たから清く、地は、この大本の気を得たから安寧に治まり、神は、この大本の気を得て霊なる力となり、谷は、この大本の気を得て盈ち、万物は、この大本の気でもって生き、王は、この大本の気を得て、天下に正しさを示す事が出来るのだ。

其《そ》れ之《これ》を致《いた》せしものは一《いっ》なり。

全てこれ等を行っているのはただ一つ、「道」の大本の気だ。

天以《てんもっ》て清《きよ》きこと無《な》くんば、将《まさ》に恐《おそ》らくは裂《さ》けんとす。

天が清くなければ、いつしか裂けてしまうだろう。

地以《ちもっ》て寧《やす》きこと無《な》くんば、将《まさ》に恐《おそ》らくは發《くず》れんとす。

地が安寧に治まっていなければ、いつしか崩れてしまうだろう。

神以《しんもっ》て靈《れい》なること無《な》くんば、将《まさ》に恐《おそ》らくは歇《や》まんとす。

神が霊なる力とならなければ、いつしか尽きるだろう。

谷以《たにもっ》て盈《み》つること無《な》くんば、将《まさ》に恐《おそ》らくは竭《つ》きんとす。

谷が盈つる事がなければ、いつしか涸れてしまうだろう。

萬物以《ばんぶつもっ》て生《い》くること無《な》くんば、将《まさ》に恐《おそ》らくは滅《ほろ》びんとす。

万物が生きていけなければ、いつしか死滅してしまうだろう。

侯王以《こうおうもっ》て貴高《きこう》なること無《な》くんば、将《まさ》に恐《おそ》らくは蹷《たお》れんとす。

王が天下に正しさを示せなければ、いつしか倒されてしまうだろう。

故《ゆえ》に貴《き》は賤《せん》を以《もっ》て本《もと》と爲《な》し、高《たか》きは必《かなら》ず下《ひく》きを以《もっ》て基《もとい》と爲《な》す。

この世の道理は、人の目に付かない下へ行くほど安定している。社会的地位の高さは、下の人々がいるから成り立っている。という事はこちらの方が本をなしているのだ。高いところは低いところが必ず基礎になっているから在ることを忘れてはならない。

是《ここ》を以《もっ》て侯王《こうおう》自《みずか》ら孤《こ》・寡《か》・不穀《ふこく》と謂《い》ふ。

だから王は、自分を孤（みなし児）、寡（独り身の人）、不穀（無収入の人）という。皆、やるせない思いをしている人ばかり。そうした人と共に生きている事を忘れないため、へり下ることを忘れないためだ。

此《こ》れ賤《せん》を以《もっ》て本《もと》と爲《な》すに非《あら》ずや。

王のこの行いは、社会的な地位の低い人々こそ、この社会の根本となっている事を表してはいないか。

非《ひ》なるか。

間違っているか。

故《ゆえ》に数誉《すうよ》を致《いた》せば誉《ほまれ》無《な》し。

名誉ばかり求め、名誉を得る事を最上としていると、いつしか名誉も失う事になる。

琭琭《ろくろく》として玉《たま》の如《ごと》くならんと欲《ほっ》せざれ。

したがって「道」を手本とする生き方は、光り輝く玉の様になる事を望むことではない。

落落《らくらく》として石《いし》の如《ごと》くあれ。

その辺に落っこっている石の様に名誉もなく目立つ事もなく、ごくごく普通の暮しで生きることに越したことはない。

それこそが、「道」の大本の気を抱いて生きる事になるのだ。

この世のもので「道」の「大本《おおもと》の気」と一体にならないで、旨く生きているものはない。

どうすれば一体になれるのか。

何しろ「道」の説いているところを実践して生きるしかない。

そうしていくといつか気付く。

一体となっている自分に。

去用第四十

反《はん》は道《みち》の動《どう》、弱《じゃく》は道《みち》の用《よう》なり。天下《てんか》の萬物《ばんぶつ》有《う》より生《しょう》じ、有《う》は無《む》より生《しょう》ず。

反《はん》は道《みち》の動《どう》、弱《じゃく》は道《みち》の用《よう》なり。天下《てんか》の萬物《ばんぶつ》有《う》より生《しょう》じ、有《う》は無《む》より生《しょう》ず。

道の説く「死生観」
われわれは「道」から出《いで》て生きる。（貴生第五十）
その人生は「道」から遠去かる。（象元第二十五）
やがてその人生は反《かえ》る。折り返し点があるのだ。（去用第四十）
そして、また「道」に入る。それが死だ。（貴生第五十）
したがって反《かえ》る事こそ「道」の大切なはたらきで、それは、目立つ事なく微弱なはたらきだから大概の人は気が付かない。
万物は父と母という目に見えるものから生まれているが、実は、そうした目に見えるものは全て、「道」という目に見えないものから生まれているのだ。

見えている世界の後《うしろ》に、見えない世界が広がっているんだ。
見えない世界こそが、本体なのだ。
見えないものが見える人を達人という。
達人とはこの世の本体を見ている人なんだ。

同異第四十一

上士《じょうし》は道《みち》を聞《き》けば、勤《つと》めて之《これ》を行《おこな》ひ、中士《ちゅうし》は道《みち》を聞《き》けば、存《そん》するが若《ごと》く亡《な》きが若《ごと》く、下士《かし》は道《みち》を聞《き》けば、大《だい》として之《これ》を笑《わら》ふ。笑《わら》はざれば以《もっ》て道《みち》と爲《な》すに足《た》らず。故《ゆえ》に建言《けんげん》之《これ》有《あ》り。道《みち》に明《あきら》かなるものは昧《くら》きが若《ごと》く、道《みち》を進《すす》むものは退《しりぞ》くが若《ごと》く、夷道《いどう》は類《るい》なるが若《ごと》く、上徳《じょうとく》は俗《ぞく》なるが若《ごと》く、大白《たいはく》は辱《じょく》せるが若《ごと》く、廣徳《こうとく》は足《た》らざるが若《ごと》く、建徳《けんとく》は偸《とう》なるが若《ごと》く、質眞《しっしん》は渝《ゆ》なるが若《ごと》し。大方《たいほう》には隅《ぐう》無《な》く、大器《たいき》は晩成《ばんせい》し、大音《だいおん》は聲《こえ》希《な》く、大象《だいしょう》は形《かたち》無《な》し。」道穩《みちかく》れて名《な》無《な》し。夫《そ》れ唯《ただ》道《みち》のみ善《よ》く貸《か》し且《か》つ成《な》す。

上士《じょうし》は道《みち》を聞《き》けば、勤《つと》めて之《これ》を行《おこな》ひ、中士《ちゅうし》は道《みち》を聞《き》けば、存《そん》するが若《ごと》く亡《な》きが若《ごと》く、下士《かし》は道《みち》を聞《き》けば、大《だい》として之《これ》を笑《わら》ふ。

「道」を手本としている徳のある人は、「道」の教えを聞けば直に実行する。「道」に対して半信半疑の人は「道」の存在を信じるような疑うような。

全く「道」に関心の無い人は、聞けば〝馬鹿をいうな〟と大笑いする。

笑《わら》はざれば以《もっ》て道《みち》と為《な》すに足《た》らず。

そう考えれば、大笑いされるようでなければ「道」を実践しているとはいえないのだ。

故《ゆえ》に建言《けんげん》之《これ》有《あ》り。

だから次の様な昔からのいい伝えがある。

道《みち》に明《あきら》かなるものは味《くら》きが若《ごと》く、道《みち》を進《すす》むものは退《しりぞ》くが若《ごと》く、夷道《いどう》は類《るい》なるが若《ごと》く、上徳《じょうとく》は俗《ぞく》なるが若《ごと》く、大白《たいはく》は辱《じょく》せるが若《ごと》く、廣徳《こうとく》は足《た》らざるが若《ごと》く、建《けん》徳《とく》は偸《とう》なるが若《ごと》く、質眞《しっしん》は渝《ゆ》なるが若《ごと》し。

「道」をよく理解している人間は、通俗的な価値とは逆で、大した欲を持たないから〝ボンクラ〟のよう。道を実践する度合が深く進めば、世の常識と反対だから退くように見える。平らな道は凸凹道のよう。最上の「道」の実践者は、俗人よりももっと俗っぽく見える。清く潔白な面はかえって汚れているように見える。他人に尽しすぎるから広い徳は智の足らないように、健全な徳は、悪辣《あくらつ》のように、質僕の面は他人におもねるように見える。

大方《たいほう》には隅無《ぐうな》く、大器《たいき》は晩成《ばんせい》し、大音《だいおん》は聲希《こえな》く、大象《だいしょう》は形無《かたちな》し。

余りにも大きな箱は、四隅が見えないから無いように見える。器のバカデカい人は、本領発揮に長い時間がかかる。余りにも大きな音は、音が無いように思える。大きな形は、形が全部見えないから形が無いように見える。

道《みち》穏《かく》れて名無《なな》し。

「道」は人の目には見えないから隠れた存在で、名付けようもない。

夫《そ》れ唯道《ただみち》のみ善《よ》く貸《か》し且《か》つ成《な》す。

見えないし隠れている存在だからこそ力を充分に発揮できる。だから万物に力を与え、生み成長させることが出来るのだ。

「道」の説く教えは、この世の通俗的な常識とひどく違うから、言った途端に人から馬鹿にされ笑われてしまうのだ。
だから笑われるぐらいでないとダメなんだ。

道化第四十二

道《みち》一《いち》を生《しょう》じ、一《いち》二《に》を生《しょう》じ、二《に》三《さん》を生《しょう》じ、三《さん》萬物《ばんぶつ》を生《しょう》ず。萬物《ばんぶつ》陰《いん》を負《お》ひて陽《よう》を抱《いだ》き、沖氣《ちゅうき》を以《もっ》て和《わ》を爲《な》す。人《ひと》の惡《にく》む所《ところ》は、唯《ただ》孤《こ》・寡《か》・不穀《ふこく》のみ。而《しか》るに王公《おうこう》以《もっ》て稱《しょう》と爲《な》す。故《ゆえ》に物《もの》或《つね》に之《これ》を損《そん》して益《えき》し、或《つね》に之《これ》を益《えき》して損《そん》す。人《ひと》の敎《おし》ふる所《ところ》は、我《われ》も亦之《またこれ》を敎《おし》へん。强梁《きょうりょう》なる者《もの》は其《そ》の死《し》を得《え》ず、と。吾將《われまさ》に以《もっ》て敎父《きょうふ》と爲《な》さんとす。

道《みち》一《いち》を生《しょう》じ、一二《いちに》を生《しょう》じ、二三《にさん》を生《しょう》じ、三萬物《さんばんぶつ》を生《しょう》ず。

道は一、大本《おおもと》の気を生じた。
大本の気は二、陰と陽を生じた。
陰と陽は三、冲気、からっぽの気を生じ、それが万物を生み続けている。

萬物《ばんぶつ》陰《いん》を負《お》ひて陽《よう》を抱《いだ》き、冲氣《ちゅうき》を以《もっ》て和《わ》を爲《な》す。」

だからこの世の万物、動物も植物も鉱物も、果物も野菜も、私もあなたも、生きとし生きるものは、陰に陽が一体化して、冲気、没頭没我、無我のからっぽの気により生まれたものなのだ。

人《ひと》の悪《にく》む所《ところ》は、唯孤《ただこ》・寡《か》・不穀《ふこく》のみ。

人の避けたい嫌がる境遇は、孤（みなし児）、寡（独り身の人）、不穀（無収入の人）だ。

而《しか》るに王公《おうこう》以《もっ》て稱《しょう》と爲《な》す。

この世の人間社会のトップにいる王はいつもこうした〝やるせない境遇〟の人を自分の事として忘れないでいる事が大切だ。

故《ゆえ》に物《もの》或《つね》に之《これ》を損《そん》して益《えき》し、或《つね》に之《これ》を益《えき》して損《そん》す。

そうすれば、損しているようでいつの間にか得をしているし、得をすればかえって損しているものだ。

人に譲って損しているようだが、感謝され、信頼を得た事になる。独り占めして得をしたようだが、信頼を失い損した事になる。

人《ひと》の教《おし》ふる所《ところ》は、我《われ》も亦之《またこれ》を教《おし》へん。

長年人が教訓として伝えて来た事は、私もこれを教えている。

強梁《きょうりょう》なる者《もの》は其《そ》の死《し》を得《え》ず、と。

強力に力づく、腕づくで物事を進めていく者は、良い死に方をしない。

吾将《われまさ》に以《もっ》て教父《きょうふ》と為《な》さんとす。

これこそ私は、最も大切な教えとしたい。

物事は何でも、陰と陽の矛盾から始まるのだ。
新商品も新事業も、矛盾から始まる。
だから矛盾が大切なのだ。
矛盾の解決は唯《た》だ一つ、「没頭没我（冲気）」しかない。

徧用第四十三

天下《てんか》の至柔《しじゅう》にして、天下《てんか》の至堅《しけん》を馳騁《ちてい》す。無有《むゆう》にして無《む》間《かん》に入《い》る。吾是《われここ》を以《もっ》て無爲《むい》の益《えき》有《あ》るを知《し》る。不言《ふげん》の敎《おしえ》、無《む》爲《い》の益《えき》は、天下之《てんかこれ》に及《およ》ぶもの希《な》し。

天下《てんか》の至柔《しじゅう》にして、天下《てんか》の至堅《しけん》を馳騁《ちてい》す。

この世で一番柔らかなものは、何だろう。

水だ。水ぐらい柔らかなものはない。

その水が凄いことに、この世で最も堅いもの、石に勝つのだ。〝雨垂れは石をも穿《うが》つ〟。ポトンポトンと落ちる雨垂れは、やがて石に穴さえあけてしまうのだ。

無《む》有《ゆう》にして無《む》間《かん》に入《い》る。

更に水は、形を持たないから、入れないところがない。隙間でも入り込む。いや、たとえ隙間が無くとも〝染み透る〟事で入るんだから凄い。

人の心に入り込めなければ成り立たない職業とは、と考えてみると、驚くべき事に大多数という事になる。

その割りにはその秘訣に熱心でないのは、どうした事か。

その秘訣こそ「水になる事」なのだ。水の無有に学ぶ事だ。

無有、自分の形を持たないから、どの様な相手の形にも入れる。

そうだ。まずトコトン相手の形を知る事だ。三角なのか、丸なのか、四角なのか。つまり、何を欲して、何に困って、何を悩んでいるのかを聞くことから始めるべきなのだ。それを開口一番ベラベラと自分の商品やサービスの事ばかりを話している。これでは顧客にこちらの形に合わせろといっている様なものだ。

これでは水の様には入れない。

吾是《われこ》を以《もっ》て無爲《むい》の益《えき》有《あ》るを知《し》る。

人もこの水の精神、つまり道の精神で暮すと、やがて勝つ事も出来る。そして入れないところがなくなるのだ。

不言《ふげん》の教《おしえ》、無爲《むい》の益《えき》は、天下之《てんかこれ》に及《およ》ぶもの希《な》し。

言葉を超えたこの世の真理を守り、作為、人為を持たない事の益は莫大なものがある。

水は凄い。
この世で一番強いものだ。
その水になったつもりで生きるのだ。
すると一番強くなるばかりでなく、入れないところがなくなる。

立戒第四十四

名《な》と身《み》と孰《いず》れか親《した》しき。身《み》と貨《か》と孰《いず》れか多《まさ》れる。得《う》ると亡《うしな》ふと孰《いず》れか病《くる》しき。甚《はなは》だ愛《あい》すれば必《かなら》ず大《おお》いに費《ついや》し、多《おお》く藏《ぞう》すれば必《かなら》ず厚《あつ》く亡《うしな》ふ。足《た》るを知《し》れば辱《はずか》しめられず、止《とど》まるを知《し》れば殆《あやう》からず。以《もっ》て長久《ちょうきゅう》なる可《べ》し。

名《な》と身《み》と孰《いず》れか親《した》しき。

名誉と身体《からだ》のどちらを親しく愛《いとお》しく思うだろうか。
勿論自分の身体だ。しかしそれを直ぐに忘れてしまう。

身《み》と貨《か》と孰《いず》れか多《まさ》れる。

身体《からだ》と財貨とどちらがより自分にとって大切なのだろうか。
勿論自分の身体だ。しかし直ぐにそれも忘れてしまう。

得《う》ると亡《うしな》ふと孰《いず》れか病《くる》しき。

得るのと失うのとでは、どちらが苦しく、避けたい事なのか。
勿論失う事だ。しかし得る事を表とすれば裏には失う事がある。表裏の関係である。だから多く得れば、多く失う事にもなる。

甚《はなは》だ愛《あい》すれば必《かなら》ず大《おお》いに費《ついや》し、多《おお》く蔵《ぞう》すれば必《かなら》ず厚《あつ》く亡《うしな》ふ。

何事も執着し過ぎると、大きなエネルギーを費やし、多く蓄《ため》ると、失う時は多くを失う事になる。

足《た》るを知《し》れば辱《はずか》しめられず、止《とど》まるを知《し》れば殆《あやう》からず。以《もっ》て長久《ちょうきゅう》なる可《べ》し。

最も大切にすべきは何だろう。それは生命《いのち》だ。
だとすれば、その最も大切な生命《いのち》さえあれば、満足すべきではないのか。
〝生きてるだけで百点〟だ。
そう思えば、何事も〝もう充分、もう満足〟といえるようになる。
そう思って生きていれば、長くこの世を楽しめるんだ。

心の苦しさや悩みは、だいたい同じところから生じるものだ。
名誉欲、金銭欲、財産欲だ。
そんなものを追いかけているうちに、身体をこわしては何もならない。

洪徳第四十五

大成《たいせい》は缺《か》くるが若《ごと》くなれども、其《そ》の用《よう》は弊《つまず》かず。大盈《たいえい》は冲《むな》しきが若《ごと》くなれども、其《そ》の用《よう》は窮《きわ》まらず。大直《たいちょく》は屈《くっ》するが若《ごと》く、大巧《たいこう》は拙《せっ》なるが若《ごと》く、大辯《たいべん》は訥《とっ》なるが若《ごと》し。躁《そう》は寒《かん》に勝《か》ち、静《せい》は熱《ねっ》に勝《か》つ。清静《せいせい》もて天下《てんか》の正《せい》を為《な》せ。

大成《たいせい》は缺《か》くるが若《ごと》くなれども、其《そ》の用《よう》は弊《つまず》かず。

ほんとうに完成していると、かえって何か欠けているように見えるものだ。しかし使ってみるととても良く使う事が出来て、完璧が実感される。

大盈《たいえい》は冲《むな》しきが若《ごと》くなれども、其《そ》の用《よう》は窮《きわ》まらず。

ほんとうに充実していると、かえって何か足りないように思えるものだ。しかし使ってみると、かえってその足らないようなところが活きてきて、充実感を味わえる。

大直《たいちょく》は屈《くつ》するが若《ごと》く、大巧《たいこう》は拙《せつ》なるが若《ごと》く、大辯《たいべん》は訥《とつ》なるが若《ごと》し。

ほんとうに真っ直ぐだと、かえって曲っているように見える。
ほんとうに巧みだと、かえって拙《まず》いように思える。
ほんとうに旨い弁説は、かえって訥弁で心に入ってくる。

躁《そう》は寒《かん》に勝《か》ち、静《せい》は熱《ねつ》に勝《か》つ。

身体を動かしていれば寒さなど吹き飛ばせる。
静かにしていれば、熱が出ても勝てるものだ。

清静《せいせい》もて天下《てんか》の正《せい》を為《な》せ。

心が清く頭が冷静ならば、この世のほんとうの正しさを知る事が出来る。

一分の隙《すき》も無くぴしっと出来上っているものは、もう先がない。
もっと良くなることはない。
欠けて衰えていくしかない。
未完の大器の方が余程先が楽《たの》しみだ。

儉欲第四十六

天下《てんか》に道《みち》有《あ》れば、走馬《そうば》を却《しりぞ》けて以《もっ》て糞《つちか》ふ。天下《てんか》に道《みち》無《な》ければ、戎馬《じゅうば》、郊《こう》に生《しょう》ず。罪《つみ》は可欲《かよく》より大《だい》なるは莫《な》く、禍《わざわい》は足《た》るを知《し》らざるより大《だい》なるは莫《な》く、咎《とがめ》は得《え》んと欲《ほっ》するより大《だい》なるは莫《な》し。故《ゆえ》に足《た》るを知《し》つて之《こ》れ足《た》れば、常《つね》に足《た》る。

天下《てんか》に道《みち》有《あ》れば、走馬《そうば》を却《しりぞ》けて以《もっ》て糞《つちか》ふ。

「道」の教えを実現している世の中では、平和だから、馬といえば耕作用に使われる。

天下《てんか》に道《みち》無《な》ければ、戎馬《じゅうば》、郊《こう》に生《しょう》ず。

「道」の教えを無視している世の中では、戦乱の世になるから、馬は戦場に引っぱられ、戦いに使われる。同じ馬でも世の中次第で、こんなに使われ方が違うのだ。

罪《つみ》は可欲《かよく》より大《だい》なるは莫《な》く、禍《わざわい》は足《た》るを知《し》らざるより大《だい》なるは莫《な》く、咎《とがめ》は得《え》んと欲《ほっ》するより大《だい》なるは莫《な》し。

平和を失い戦乱になるのも、そもそもの源は、誰かの強欲から起こるのだ。こうした禍は、もうこれで充分と満足に思った瞬間に消えるのに。こうした咎は、もっともっと欲しがる事から起こるのだ。

故《ゆえ》に足《た》るを知《し》って之《こ》れ足《た》れば、常《つね》に足《た》る。

だから、人が持つべき心は、過分にならないところで、これで充分と満足するかどうかにかかっているんだ。

戦争や争い事はどこから始まるか。
一人の人間の強欲からだ。
その為に多くの人が傷付き殺されるのだから、こわい。
だから、いつも足るを知り、節度を保つ事が重要なのだ。

鑒遠第四十七

戸《こ》を出《い》でずして天下《てんか》を知り、牖《よう》より窺《うかが》はずして天道《てんどう》を見《み》る。其《そ》の出《い》づること彌《いよいよ》、遠《とお》ければ、其《そ》の知《し》ること彌《いよいよ》少《すくな》し。是《ここ》を以《もっ》て聖人《せいじん》は、行《ゆ》かずして知《し》り、見《み》ずして名《あきら》かに、無爲《むい》にして成《な》る。

戸《こ》を出《い》でずして天下《てんか》を知り、牖《よう》より窺《うかが》はずして天道《てんどう》を見《み》る。

道と一体になって生きている者は、この世で一番大切なこの世の本質は全て「道」の教えに従っていれば得られるし、〝見えないものを見る、聞こえない声を聞く、掴めないものを掴む〟事が出来るから、わざわざ外へ出廻らなくても、窓から外の様子を窺わなくても、人として一番大切にすべき事はよく解る。

其《そ》の出《い》づること彌《いよいよ》〻遠《とお》ければ、其《そ》の知《し》ること彌《いよいよ》〻少《すくな》し。

したがって「道」から離れて遠くへ行けば行くほど、本質から遠ざかって、真に知るべき事は少なくなってしまう。

是《ここ》を以《もっ》て聖人《せいじん》は、行《ゆ》かずして知《し》り、見《み》ずして名《あきら》かに、無為《むい》にして成《な》る。

したがって「道」と生きる人は、何処にも行かないで、一番大切な事を知り、何も見ないでも本質を理解できる。

その上余計な思惑を持って〝ああしてやろう、こうしてやろう〟としないから、この世に充満する育成のエネルギーがはたらいて自然にもの事は成り立ってしまう。

この世の真理を知らずしてより良く生きる事は難しい。
と言う事は、他のどの様な情報の前に、真理を知る事が必要なのだ。
その真理は、何と自分の内にあるんだ。

忘知第四十八

學《がく》を爲《な》せば日《ひ》に益《ま》し、道《みち》を爲《な》せば日《ひ》に損《そん》す。之《これ》を損《そん》し又《また》損《そん》し、以《もっ》て無爲《むい》に至《いた》る。

無爲《むい》にして爲《な》さざる無《な》し。天下《てんか》を取《と》るは常《つね》に無事《ぶじ》を以《もっ》てす。其《そ》の有事《ゆうじ》に及《およ》びては、以《もっ》て天下《てんか》を取《と》るに足《た》らず。

學《がく》を爲《な》せば日《ひ》に益《ま》し、道《みち》を爲《な》せば日《ひ》に損《そん》す。

いまの一般的な学びは、毎日記憶することを強いて、ひたすら〝覚えろ、覚えろ〟と強要するから、学べば学ぶほど、知る事が多くなり、混乱や昏迷が増してしまう。

道を行うと、本質のみを行おうとするから、余計な事はどんどん減っていく。

之《これ》を損《そん》し又損《またそん》し、以《もっ》て無爲《むい》に至《いた》る。

どんどん余計な事が減っていった末には、無為、妙な思惑も、作為も人為もない純粋な心が待っている。

無爲《むい》にして爲《な》さざる無《な》し。

純粋な心になればなるほど、「道」の働きが強まるから、行えない事が無くなる。

天下《てんか》を取《と》るは常《つね》に無事《ぶじ》を以《もっ》てす。

この天下を手中に収めようとするなら、まず何事も支障も問題も無い状態にする事だ。

其《そ》の有事《ゆうじ》に及《およ》びては、以《もっ》て天下《てんか》を取《と》るに足《た》らず。

事を構えては、天下は取れない。

知識ばかりで頭が一杯なのは良くない。
余計な知識はどんどん捨てるべきだ。
そうして無為に至れば、何事も旨く行く。
更に何事も起きない。
〝ご無事で〟という状態になる。

任徳第四十九

聖人《せいじん》には常《つね》の心《こころ》無《な》し。百姓《ひゃくせい》の心《こころ》を以《もっ》て心《こころ》と爲《な》す。善《ぜん》なる者《もの》は吾之《われこれ》を善《ぜん》とし、不善《ふぜん》なる者《もの》も吾亦之《われまたこれ》を善《ぜん》とせん。徳善《とくぜん》なればなり。信《しん》なる者《もの》は吾之《われこれ》を信《しん》とし、不信《ふしん》なる者《もの》も吾亦《われまた》之《これ》を信《しん》とせん。徳信《とくしん》なればなり。聖人《せいじん》の天下《てんか》に在《あ》るや、怵《じゅつ》怵《じゅつ》として天下《てんか》の爲《ため》に其《そ》の心《こころ》を渾《にご》す。百姓《ひゃくせい》は皆其《みなそ》の耳目《じもく》を注《そそ》げども、聖人《せいじん》は皆之《みなこれ》を孩《がい》にす。

聖人《せいじん》には常《つね》の心《こころ》無《な》し。百姓《ひゃくせい》の心《こころ》を以《もっ》て心《こころ》と爲《な》す。

道と生きる人は、一定不変の心は無い。民の心を心としているのだ。

善《ぜん》なる者《もの》は吾之《われこれ》を善《ぜん》とし、不善《ふぜん》なる者《もの》も吾亦之《われまたこれ》を善《ぜん》とせん。

善なる人は善人として付き合おう。不善な人も、これからやがて善人になる人なのだとして、拒否せず、包み込んで付き合おう。

徳善《とくぜん》なればなり。

人間の心は本来徳のあるもの。
徳は善なるものだから、不善の人も人間の本来に帰ればいいんだ。

信《しん》なる者《もの》は吾之《われこれ》を信《しん》とし、不信《ふしん》なる者《もの》も吾亦之《われまたこれ》を信《しん》とせん。

信じられる人は、信ある人として付き合おう。信じられない人も、信ある人になる人として拒否せず、付き合おう。

徳信《とくしん》なればなり。

人間の心は本来徳のあるもの。
徳は信なるものだから、信じられない人も人間の本来に帰ればいいんだ。

聖人《せいじん》の天下《てんか》に在《あ》るや、怵怵《じゅつじゅつ》として天下《てんか》の爲《ため》に其《そ》の心《こころ》を渾《にご》す。

「道」と生きる人が天下を治めると、恐れる心を忘れずに、常に様々な民の心を受け容れて天下を治めようとする。

百姓《ひゃくせい》は皆其《みなそ》の耳目《じもく》を注《そそ》げども、聖人《せいじん》は皆之《みなこれ》を孩《がい》にす。

民は皆耳目をもって情報を取り入れ暮しているが、「道」と生きる人は、天から地までの総体をまるごと見てより良く治めようとする。

それは一見何も見聞きしてない赤子のように見えるかもしれない。

この世は陰陽で出来ている。
善があれば不善がある。
信があれば不信がある。
だから、どちらを表現するかだ。
善や信の方を取るかどうかだけなのだ。

貴生第五十

出《い》でて生《い》き入《い》りて死《し》す。生《せい》の徒《と》、十《じゅう》に三《さん》有《あ》り。死《し》の徒《と》、十《じゅう》に三《さん》有《あ》り。人《ひと》の生《せい》、動《うご》いて死地《しち》に之《ゆ》くもの、十《じゅう》に三《さん》有《あ》り。夫《そ》れ何故《なにゆえ》ぞや。其《そ》の生《せい》を生《せい》とするの厚《あつ》きを以《もっ》てなり。蓋《けだ》し聞《き》く、善《よ》く生《せい》を攝《せっ》する者《もの》は、陸行《りくこう》して兕虎《じこ》に遇《あ》はず。軍《ぐん》に入《い》りて甲兵《こうへい》を被《こうむ》らず。兕《じ》は其《そ》の角《つの》を投《とう》ずる無《な》く、虎《とら》は爪《つめ》を措《お》く所《ところ》無《な》く、兵《へい》は其《そ》の刃《やいば》を容《い》るる所《ところ》無《な》し、と。夫《そ》れ何故《なにゆえ》ぞや。其《そ》の死地《しち》無《な》きを以《もっ》てなり。

出《い》でて生《い》き入《い》りて死《し》す。

すべての生きとし生ける物は、真の故郷《ふるさと》である「道」を出てこの世に生まれ、一生を生きた後、また「道」に帰り（入って）死ぬのだ。

そう、死とはあの故郷の胆っ玉母さんである「道」の懐《ふところ》に帰る事なんだ。

生《せい》の徒《と》、十《じゅう》に三《さん》有《あ》り。

一生を生き通す者は、十のうち三人。

死《し》の徒《と》、十《じゅう》に三《さん》有《あ》り。

一生を生き通さず、途中で死を迎えてしまう者十のうち三人。

人《ひと》の生《せい》、動《うご》いて死地《しち》に之《ゆ》くもの、十《じゅう》に三《さん》有《あ》り。

折角生まれたのに、自ら死地に赴《おもむ》く者が十のうち三ある。

夫《そ》れ何故《なにゆえ》ぞや。其《そ》の生《せい》を生《せい》とするの厚《あつ》きを以《もっ》てなり。

それは何故か。

その多くは、いたずらに生《せい》に執着してかえって死期を早めているんだ。

蓋《けだ》し聞《き》く、善《よ》く生《せい》を攝《せつ》する者《もの》は、陸行《りくこう》して兕虎《じこ》に遇《あ》はず。

昔からよくいわれている事がある。

よく生を得ている者は、陸地を行っても野牛や虎といった猛獣に合わない。

軍《ぐん》に入《い》りて甲兵《こうへい》を被《こうむ》らず。

軍隊に入って戦場へ行っても、敵兵から攻撃を受けない。

兕《じ》は其《そ》の角《つの》を投《とう》ずる無《な》く、虎《とら》は爪《つめ》を措《お》く所無《ところな》く、兵《へい》は其《そ》の刃《やいば》を容《い》るる所無《ところな》し、と。

野牛は決して角を振り立てて襲ってくる事はないし、虎もその鋭い爪で向ってくる事もないし、敵兵も鋭利な刃で戦いをいどんで来る事もない。

夫《そ》れ何故《なにゆえ》ぞや。其《そ》の死地《しちな》無きを以《もっ》てなり。

それは何故か。

「道」と一体となっているから、格別に生に執着する事も、死を恐れる事もないからだ。

> 余りにも執着しすぎると、望む反対になってしまう。
> それより、やっぱり「道」に任すべきだ。
> 道を信じて任せば、望む通りになる。
> その為には、日頃から「道」を実践することだ。

養徳第五十一

道之《みちこれ》を生《しょう》じ、徳之《とくこれ》を畜《やしな》ひ、物之《ものこれ》を形《かたち》づくり、勢之《いきおいこれ》を成《な》す。是《ここ》を以《もっ》て萬物《ばんぶつ》、道《みち》を尊《たっと》び徳《とく》を貴《たっと》ばざるは莫《な》し。道《みち》の尊《たっと》きと徳《とく》の貴《たっと》きとは、夫《そ》れ之《これ》に命《めい》ずる莫《な》くして、常《つね》に自然《しぜん》なればなり。故《ゆえ》に道之《みちこれ》を生《しょう》じ、徳之《とくこれ》を畜《やしな》ひ、之《これ》を長《ちょう》じ、之《これ》を育《そだ》て、之《これ》を成《な》し、之《これ》を孰《じゅく》し、之《これ》を養《やしな》ひ、之《これ》を覆《おお》ふ。生《しょう》じて有《ゆう》せず、爲《な》して恃《たの》まず、長《ちょう》じて宰《さい》せず。是《これ》を玄徳《げんとく》と謂《い》ふ。

道之《みちこれ》を生《しょう》じ、徳之《とくこれ》を畜《やしな》ひ、物之《ものこれ》を形《かたち》づくり、勢之《いきおいこれ》を成《な》す。

「道」が万物を生み、「道」の大きな徳がそれを育て、人間は人間に、馬は馬、松は松、竹は竹など、各々の目的のものの特性に形が出来て来て、「道」の大きな勢が完璧な成人にする。

是《ここ》を以《もっ》て萬物《ばんぶつ》、道《みち》を尊《たっと》び徳《とく》を貴《たっと》ばざるは莫《な》し。

したがって万物は、自分を生み、成長させ、そのものにならせ、育てている（生成化育という）「道」の働きや「道」の徳の偉大さを貴ばないものはいない。

道《みち》の尊《たっと》きと徳《とく》の貴《たっと》きとは、夫《そ》れ之《これ》に命《めい》ずる莫《な》くして、常《つね》に自然《しぜん》なればなり。

真に「道」とその徳の凄いところは、誰かに頼まれ、命令されたからそれを行っているのではないところだ。全ての行いはごくごく自然に何気なく行われているのだ。

故《ゆえ》に道之《みちこれ》を生《しょう》じ、徳之《とくこれ》を畜《やしな》ひ、之《これ》を長《ちょう》じ、之《これ》を育《そだ》て、之《これ》を成《な》し、之《これ》を熟《じゅく》し、之《これ》を養《やしな》ひ、之《これ》を覆《おお》ふ。

したがって「道」はそれを生み、「道」の徳がそれを養い、それを成長させ、それを育て、それを完成させ、それを成熟させ、それを養い、それを守っているのだ。

生《しょう》じて有《ゆう》せず、爲《な》して恃《たの》まず、長《ちょう》じて宰《さい》せず。

そこまで行っている「道」は、しかし生んだからといって所有しようとしないし、育てたからといって頼みにすることもないし、成長させたからといって自分の支配下に置こうとはしない。

是《これ》を玄徳《げんとく》と謂《い》ふ。

これこそが「道」の徳、ほんとうの大きな徳「玄徳」という。

私もあなたも、「道」が産み、育て、成長させ、ここまで大きくしてくれた。
しかし「道」は一言もそれを言わない。
恩着せがましくない所が「道」のいいところだ。
そんな「道」を真似て生きよう。

歸元第五十二

天下《てんか》に始《はじめ》有《あ》り、以《もっ》て天下《てんか》の母《はは》と爲《な》る。既《すで》に其《そ》の母《はは》を知《し》り、復《また》其《そ》の子《こ》たるを知《し》る。

既《すで》に其《そ》の子《こ》たるを知《し》り、復《また》其《そ》の母《はは》を守《まも》れば、身《み》を沒《ぼっ》するまで殆《あやう》からず。其《そ》の兌《あな》を塞《ふさ》ぎ、其《そ》の門《もん》を閉《と》づれば、終身《しゅうしん》勤《つか》れず。其《そ》の兌《あな》を開《ひら》き、其《そ》の事《こと》を濟《な》せば、終身《しゅうしん》救《すく》はれず。小《しょう》を見《み》るを明《めい》と曰《い》ひ、柔《じゅう》を守《まも》るを強《きょう》と曰《い》ふ。其《そ》の光《ひかり》を用《もち》ひて、其《そ》の明《めい》に復歸《ふくき》すれば、身《み》に殃《わざわい》を遺《のこ》す無《な》し。是《これ》を習常《しゅうじょう》と謂《い》ふ。

天下《てんか》に始《はじめ》有《あ》り、以《もっ》て天下《てんか》の母《はは》と爲《な》る。

この世には初めがある。

という事は「道」こそがこの世の母なのだ。

既《すで》に其《そ》の母《はは》を知《し》り、復其《またそ》の子《こ》たるを知《し》る。

「道」が母である事を知ると、我々こそが「道」の子なのだという事を知るのだ。

既《すで》に其《そ》の子《こ》たるを知《し》り、復其《またそ》の母《はは》を守《まも》れば、身《み》を沒《ぼっ》するまで殆《あやう》からず。

われわれが道の子であれば、何といっても母である「道」の教えを守って、「道」を手本に、〝「道」の在り様を自己の在り様〟として生きていくべきだし、またそれこそが危うくない一生をつつがなく過ごしていく事になる。

其《そ》の兌《あな》を塞《ふさ》ぎ、其《そ》の門《もん》を閉《と》づれば、終身勤《しゅうしんつか》れず。

その為には、周囲からやって来る気持を惑わし、取り越し苦労をせざるを得ないような、余計な情報をシャットアウトする事が、一生気持を平静に保つコツなのだ。

其《そ》の兌《あな》を開《ひら》き、其《そ》の事《こと》を済《な》せば、終身救《しゅうしんすく》はれず。

魅惑的でしかも刺激的な世の中の余計な情報をフリーパスにしてしまえば、心の平安を保つ事が出来ない。

小《しょう》を見《み》るを明《めい》と曰《い》ひ、柔《じゅう》を守《まも》るを強《きょう》と曰《い》ふ。

現実の社会から来る情報は、大きくわれわれに迫って来る。それに比べれば、「道」の教えは小さいものだが、だからこそよくよく見続けていなければならない。それを〝明〟真に大切なことをよく見る事といい、しなやかな心を保つ事こそ〝強〟ほんとうの強さなんだ。

其《そ》の光《ひかり》を用《もち》ひて、其《そ》の明《めい》に復帰《ふくき》すれば、身《み》に殃《わざわい》を遺《のこ》す無《な》し。

誰にもそなわっている心の霊光に気付き、この光をもって見え難い「道」の教えをよく見て、常にこれに帰る事さえすれば、身に禍《わざわい》をのこす事は無い。

是《これ》を習常《しゅうじょう》と謂《い》ふ。

これを常に「道」に習っている生き方という。

「道」はわれわれの母、それも何事も聞き入れてくれる〝胆っ玉母《かあ》さん〟だ。
ということは、われわれはその「道」の子だ。
母の教えを守って生きれば、一生危うくない。

益證第五十三

我《われ》をして介然《かいぜん》として大道《たいどう》に知行《ちこう》すること有《あ》らしめば、唯《ただ》施《し》を是《こ》れ畏《おそ》る。大道《たいどう》は甚《はなは》だ夷《たいら》かなるも、而《しか》も民《たみ》は徑《こみち》を好《この》む。朝《ちょう》は甚《はなは》だ除《じょ》なれども、田《た》は甚《はなは》だ蕪《ぶ》し、倉《くら》は甚《はなは》だ虚《むな》し。文綵《ぶんさい》を服《ふく》し、利劒《りけん》を帯《お》び、飲食《いんしょく》に厭《あ》き、財貨《ざいか》餘《あまり》有《あ》り。是《これ》を盜《とう》夸《こ》と謂《い》ふ。非道《ひどう》なるかな。

我《われ》をして介然《かいぜん》として大道《たいどう》に知行《ちこう》すること有《あ》らしめば、唯施《ただし》を是《こ》れ畏《おそ》る。

私がはっきりと「道」の示す大道を歩もうとするならば、最も心掛けなければいけないのが、大道を逸《それ》て脇道へ入ってしまう事だ。

大道《たいどう》は甚《はなは》だ夷《たいら》かなるも、而《しか》も民《たみ》は徑《こみち》を好《この》む。

大道はいつも平坦であるが、多くの民はむしろ小路を好むものである。小路には取り締りも、通行税もないからである。

朝《ちょう》は甚《はなは》だ除《じょ》なれども、田《た》は甚《はなは》だ蕪《ぶ》し、倉《くら》は甚《はなは》だ虚《むな》し。

国の建物はきれいで壮厳に出来ていても、肝心の田を耕す働き手は兵役や労役に使われているから、いまや田は荒野になり、収穫もないから倉には何もない。

文綵《ぶんさい》を服《ふく》し、利劍《りけん》を帯《お》び、飲食《いんしょく》に厭《あ》き、財貨《ざいか》餘《あまり》有《あ》り。

国の役人は、美しい服を着て、権力を保持し、豪華な飲食にも飽きて、いつも財貨も余りがあるほど持っている。

是《これ》を盗夸《とうこ》と謂《い》ふ。非道《ひどう》なるかな。

こういう人を「盗人《ぬすっと》」という。
それにしても「道」に反した非道《ひど》い話だ。

人の労苦の結晶であるのが税金だ。
その税金で、美しい衣服を纏《まと》い、権力を誇示し、豪華な食事をして、財産をつくるとは、何という事だ。
こうした人間を〝盗《ぬす》っ人〟という。

修観第五十四

善《よ》く建《た》つる者《もの》は抜《ぬ》けず。善《よ》く抱《いだ》く者《もの》は脱《だっ》せず。子孫祭祀《しそんさいし》して輟《や》まず。之《これ》を身《み》に修《おさ》むれば、其《そ》の徳《とく》乃《すなわ》ち眞《しん》。之《これ》を家《いえ》に修《おさ》むれば、其《そ》の徳《とく》乃《すなわ》ち餘《あまり》あり。之《これ》を鄕《きょう》に修《おさ》むれば、其《そ》の徳《とく》乃《すなわ》ち長《なが》し。之《これ》を國《くに》に修《おさ》むれば、其《そ》の徳《とく》乃《すなわ》ち豊《ゆたか》なり。之《これ》を天下《てんか》に修《おさ》むれば、其《そ》の徳《とく》乃《すなわ》ち普《あまね》し。故《ゆえ》に身《み》を以《もっ》て身《み》に觀《み》、家《いえ》を以《もっ》て家《いえ》に觀《み》、鄕《きょう》を以《もっ》て鄕《きょう》に觀《み》、國《くに》を以《もっ》て國《くに》に觀《み》、天下《てんか》を以《もっ》て天下《てんか》に觀《み》る。何《なに》を以《もっ》て天下《てんか》の然《しか》るを知《し》るや。此《これ》を以《もっ》てなり。

善《よ》く建《た》つる者《もの》は抜《ぬ》けず。

善く善く心の中にしっかりと「道」の存在が確立している人は、何があっても「道」を忘れる事はない。

善《よ》く抱《いだ》く者《もの》は脱《だっ》せず。

善く善く心の中にいつも「道」を手本として抱いている人は、何があっても、「道」を守る事を止める事はない。

子孫祭祀《しそんさいし》して輟《や》まず。

こうした人の子孫も、また「道」を大切にして生きるから、宇宙の根源であり、ほんとうの故郷の母である「道」をお祭りして止《や》める事がない。

之《これ》を身《み》に修《おさ》むれば、其《そ》の徳乃《とくすなわ》ち眞《しん》。

この様に「道」をしっかりと身に修めれば、それが徳としての行動に発揮され、それがほんとうの生き方でもあるのだ。

之《これ》を家《いえ》に修《おさ》むれば、其《そ》の徳乃《とくすなわ》ち餘《あまり》あり。

そうした一家では、家族がみんな「道」を守り、「道」に従った行い、すなわち徳のある行いを繰り返す事になる。

之《これ》を郷《きょう》に修《おさ》むれば、其《そ》の徳乃《とくすなわ》ち長《なが》し。

そうした一家が多くなった町や村、地域は、その地域全体が「道」に従った行いの徳ばかりの地域になる。

之《これ》を國《くに》に修《おさ》むれば、其《そ》の徳乃《とくすなわ》ち豊《ゆたか》なり。

そうした地域が多くなった国は、その国全体が「道」に従った行いの徳ばかりの国になる。

之《これ》を天下《てんか》に修《おさ》むれば、其《そ》の徳乃《とくすなわ》ち普《あまね》し。

そうした道理で世の中を治めれば、多くの国が、「道」に従った行いの徳ばかりの世界になる。

故《ゆえ》に身《み》を以《もっ》て身《み》に觀《み》、家《いえ》を以《もっ》て家《いえ》に觀《み》、鄉《きょう》を以《もっ》て鄉《きょう》に觀《み》、國《くに》を以《もっ》て國《くに》に觀《み》、天《てん》下《か》を以《もっ》て天下《てんか》に觀《み》る。

したがって、天下、世界や社会といっても、始まりは身であり、自分自身の在り様であるのだ。それが家、地域、国と広がっていくのだ。

何《なに》を以《もっ》て天下《てんか》の然《しか》るを知《し》るや。此《これ》を以《もっ》てなり。

社会にとっての大切な事は何か、といえば、この事なんだ。
すべての始まりは自分自身なんだ。

「道」の教えをしっかり自分のものとして確立した人、それを生きる指針にしている人を〝善建者〟といい、〝善抱者〟という。
見習うべき人だ。

玄符第五十五

徳《とく》を含《ふく》むことの厚《あつ》きものは、赤子《せきし》に比《ひ》す。毒蟲《どくちゅう》も螫《さ》さず、猛獸《もうじゅう》も據《よ》らず、攫鳥《かくちょう》も搏《う》たず。骨弱《ほねよわ》く筋柔《すじやわら》かにして而《しか》も握《にぎ》ること固《かた》し。未《いま》だ牝牡《ひんぼ》の合《ごう》を知《し》らずして、而《しか》も峻《しゅん》の作《おこ》るは、精《せい》の至《いた》ればなり。終日號《しゅうじつごう》して啞《あ》せざるは、和《わ》の至《いた》ればなり。和《わ》を知《し》れば曰《すなわ》ち常《じょう》、常《じょう》を知《し》れば曰《すなわ》ち明《めい》、生《せい》を益《ま》せば曰《すなわ》ち祥《しょう》、心《こころ》氣《き》を使《つか》へば曰《すなわ》ち強《きょう》なり。物壮《ものさか》んなれば則《すなわ》ち老《お》ゆ。之《これ》を不道《ふどう》と謂《い》ふ。不道《ふどう》なれば早《はや》く已《や》む。

徳《とく》を含《ふく》むことの厚《あつ》きものは、赤子《せきし》に比《ひ》す。

「道」の教えに従った行いをする徳のある人は、ちょうど赤ん坊の様なものなのさ。

毒蟲《どくちゅう》も螫《さ》さず、猛獣《もうじゅう》も據《よ》らず、攫鳥《かくちょう》も摶《う》たず。

毒虫も刺さず、猛獣も通り過ぎ、猛禽も攻撃をしない。何故か。無心だからだ。

骨弱《ほねよわ》く筋柔《すじやわら》かにして而《しか》も握《にぎ》ること固《かた》し。

赤ん坊は骨も弱く筋肉も柔らかだけれど、一旦握るとしっかり握る。何故か。柔らかだからだ。

未《いま》だ牝牡《ひんぼ》の合《ごう》を知《し》らずして、而《しか》も峻《しゅん》の作《おこ》るは、精《せい》の至《いた》ればなり。

赤ん坊は男女の交合は知らないが、陰部は勢いよく立っている。何故か。精力に溢れているからだ。

終日號《しゅうじつごう》して啞《あ》せざるは、和《わ》の至《いた》ればなり。

赤ん坊は終日泣き続けているが、のどを壊す事はない。何故か。対立や争いの心は無く、和気が充満しているからだ。

和《わ》を知《し》れば曰《すなわ》ち常《じょう》、常《じょう》を知《し》れば曰《すなわ》ち明《めい》、生《せい》を益《ま》せば曰《すなわ》ち祥《しょう》、心氣《こころき》を使《つか》へば曰《すなわ》ち強《きょう》なり。

和気の充満は、健康や運気の変化を防いでくれて、恒常的に順調をもたらす。これを知っている者を明という。無理に寿命を延ばそうとするのは不吉といい、カラ元気で自分を元気づけるのを強がりという。

物壯《ものさか》んなれば則《すなわ》ち老《お》ゆ。

この世の物事は、壮になれば次は老しかないのだ。

之《これ》を不道《ふどう》と謂《い》ふ。不道《ふどう》なれば早《はや》く已《や》む。

それは「道」の教えに反する。だから早く終ってしまう。

道の理想とする人間は、〝赤ん坊〟だ。
赤子の無心さは、精力と和気の塊《かたまり》だ。
人はこの無心さを学ぶべきだ。
そこにこそ「道」の心があるんだ。

玄徳第五十六

知者《ちしゃ》は言《い》はず、言《い》ふ者《もの》は知《し》らず。其《そ》の兌《あな》を塞《ふさ》ぎ、其《そ》の門《もん》を閉《と》ぢ、其《そ》の鋭《えい》を挫《くじ》き、其《そ》の紛《ふん》を解《と》き、其《そ》の光《ひかり》を和《やわら》げ、其《そ》の塵《ちり》に同《どう》ず。是《これ》を玄同《げんどう》と謂《い》ふ。故《ゆえ》に得《え》て親《した》しむ可《べ》からず、亦得《またえ》て疏《うと》んず可《べ》からず。得《え》て利《り》す可《べ》からず、亦得《またえ》て害《がい》す可《べ》からず。得《え》て貴《たっと》くす可《べ》からず、亦得《またえ》て賤《いや》しくす可《べ》からず。故《ゆえ》に天下《てんか》の貴《き》と為《な》る。

知者《ちしゃ》は言《い》はず、言《い》ふ者《もの》は知《し》らず。

ほんとうに知っている者は、それをいおうとはしないし、いえない。いう者は、ほんとうに知っていない。だからいえる。

其《そ》の兌《あな》を塞《ふさ》ぎ、其《そ》の門《もん》を閉《と》ぢ、其《そ》の鋭《えい》を挫《くじ》き、其《そ》の紛《ふん》を解《と》き、其《そ》の光《ひかり》を和《やわら》げ、其《そ》の塵《ちり》に同《どう》ず。

人間は、どう生きるべきかといえば、まず外側から来る余計な話、何の役にも立たない気持ばかりを惑わす情報はシャットアウトすることだ。

その上、頭の良さ、才気などひけらかすと、他人と争い事になる。したがって〝和光同塵〟自分の光りをやわらぎ、目立たず、雑踏の中の一人として生きる事だ。

是《これ》を玄同《げんどう》と謂《い》ふ。

これを「道」と同化するという。

故《ゆえ》に得《え》て親《した》しむ可《べ》からず、亦《また》得《え》て疏《うと》んず可《べ》からず。

こうして暮している人とは、妙に馴れ馴れしくもできないし、かといって疎《うとん》ずる事もできない。

得《え》て利《り》す可《べ》からず、亦《また》得《え》て害《がい》す可《べ》からず。

何かで利用してやろうということもできず、かといって危害を加える事もできない。

得《え》て貴《たっと》くす可《べ》からず、亦《また》得《え》て賤《いや》しくす可《べ》からず。

目上に置いて立てることもできず、かといって目下に置いて馬鹿にする事もできない。

故《ゆえ》に天下《てんか》の貴《き》と為《な》る。

この世の中で、最も扱い難い人になるから、自分を保って生きられるんだ。

「道」に生きている人は、妙に親しんだり、嫌って遠ざけたり、利用したり、損なったりする事が出来ない。

こちらの思い通りに出来ない〝何か〞があるのだ。

淳風第五十七

正《せい》を以《もっ》て國《くに》を治《おさ》め、奇《き》を以《もっ》て兵《へい》を用《もち》ひ、無事《ぶじ》を以《もっ》て天下《てんか》を取《と》る。吾何《われなに》を以《もっ》て其《そ》の然《しか》るを知《し》るや。此《これ》を以《もっ》てなり。天下《てんか》に忌諱《きき》多《おお》くして民彌《たみいよいよ》、貧《まず》し。民《たみ》に利器《りき》多《おお》くして、國家《こくか》滋《ますます》、昏《くら》し。人《ひと》に伎巧《ぎこう》多《おお》くして、奇物《きぶつ》滋《ますます》、起《おこ》る。法物《ほうぶつ》滋《ますます》、彰《あきら》かにして、盗賊《とうぞく》多《おお》く有《あ》り。故《ゆえ》に聖人《せいじん》云《い》ふ、我無爲《われむい》にして民自《たみおのずか》ら化《か》し、我靜《われせい》を好《この》みて民自《たみおのずか》ら正《ただ》しく、我無事《われぶじ》にして民自《たみおのずか》ら富《と》み、我無欲《われむよく》にして民自《たみおのずか》ら朴《ぼく》なり、と。

正《せい》を以《もっ》て國《くに》を治《おさ》め、奇《き》を以《もっ》て兵《へい》を用《もち》ひ、無事《ぶじ》を以《もっ》て天下《てんか》を取《と》る。

国は正攻法でもって治めるべきだ。だが、戦争には奇襲や奇道、ありとあらゆる手が必要となる。社会の信頼を獲得するにはさしたる事も無い日常が必要だ。

吾何《われなに》を以《もっ》て其《そ》の然《しか》るを知《し》るや。此《これ》を以《もっ》てなり。

何においてそういえるのか、といえば、これだ。

天下《てんか》に忌諱《きき》多《おお》くして民彌丶《たみいよいよ》貧《まず》し。

世の中に規則や罰則が多くなればなるほど、民は自由を失って貧しくなる。

民《たみ》に利器《りき》多《おお》くして、國家《こっか》滋丶《ますます》昬《くら》し。

民に文明の利器が行き渡ると、肉体を使って根気良くなどという価値がなくなるから、国家は昏迷する。

人《ひと》に伎巧《ぎこう》多《おお》くして、奇物《きぶつ》滋ゝ《ますます》起《おこ》る。

技巧が過大に評価されて価値を持ちすぎると、多くの人はテクニック一点張りになるから、奇をてらった物が多くなる。

法物《ほうぶつ》滋ゝ《ますます》彰《あきら》かにして、盗賊《とうぞく》多《おお》く有《あ》り。

法ばかりで治めようとすればするほど、その法の目を掻い潜る人が多くなるから、盗賊が増加する。

故《ゆえ》に聖人《せいじん》云《い》ふ、我《われ》無爲《むい》にして民《たみ》自《おのずか》ら化《か》し、我《われ》静《せい》を好《この》みて民《たみ》自《おのずか》ら正《ただ》しく、我《われ》無事《ぶじ》にして民《たみ》自《おのずか》ら富《と》み、我《われ》無欲《むよく》にして民《たみ》自《おのずか》ら朴《ぼく》なり、と。

だから「道」の教えを生きる人は次の様にいう。

私が人為作為を排して無為、緊張感を持って民の意向を見守り大切にするから、民は自分で自分を善に導くようになる。

私がいつも冷静だから、民も自分を常に冷静に見て正しさを求めるようになる。私はことさら民の自由を奪うような事をしないから民は富み、私は無欲に徹しているから、その気風が民にも伝わり素朴さを大切にするようになる。


無為にして無欲に徹すれば、そこに無事になり、危険や災害に襲われず大過なく暮せる。

取り立てていうほどの事は無い。

それこそ真のよい暮しだ。

順化第五十八

其《そ》の政《せい》悶悶《もんもん》たれば、其《そ》の民《たみ》は醇醇《じゅんじゅん》たり。其《そ》の政《せい》察察《さつさつ》たれば、其《そ》の民《たみ》は缺缺《けつけつ》たり。禍《わざわい》は福《ふく》の倚《よ》る所《ところ》、福《ふく》は禍《わざわい》の伏《ふく》す所《ところ》なり。孰《たれ》か其《そ》の極《きょく》を知《し》らんや。其《そ》れ正《せい》無《な》し。正《せい》も復《また》奇《き》と爲《な》り、善《ぜん》も復《また》訞《よう》と爲《な》る。人《ひと》の迷《まよ》へること、其《そ》の日《ひ》固《まこと》に久《ひさ》し。是《ここ》を以《もっ》て聖人《せいじん》は、方《ほう》して割《かっ》せず、廉《れん》して害《がい》せず、直《ちょく》にすれども肆《し》せず、光《ひかり》あれども曜《かがや》かさず。

其《そ》の政悶悶《せいもんもん》たれば、其《そ》の民《たみ》は醇醇《じゅんじゅん》たり。

政治が寛容で大きな視点のもとに行われると、民もいつしか純朴になる。

其《そ》の政察察《せいさつさつ》たれば、其《そ》の民《たみ》は缺缺《けつけつ》たり。

政治が熱心に行う事が良い事とばかり、細かい事をあれこれと指図するようになると、民は気持の逃れるところがなくなるから、貧しい気持になってしまう。

禍《わざわい》は福《ふく》の倚《よ》る所《ところ》、福《ふく》は禍《わざわい》の伏《ふく》す所《ところ》なり。

したがって、禍と一見思えるところに、実は福があり、福と一見思えるところに、実は禍があるんだ。

イチロー選手は「スランプが大切だ」という。

一見禍とするスランプがあるから、徹底的に短所と弱点を知る事になり、やがて克服していく。だから選手寿命が延びるのだ。

経営の神様松下幸之助は、「好況よし。不況もっとよし」といった。

同じ精神だ。

孰《たれ》か其《そ》の極《きょく》を知《し》らんや。其《そ》れ正無《せいな》し。

何事も比較して見るような、こちらの端とその反対の端などと全体を見る事も出来ていない現代社会で、正しいなどという事があるのか。

正《せい》も復奇《またき》と為《な》り、善《ぜん》も復訞《またよう》と為《な》る。

正しいことも奇道になってしまうし、善もまやかしになってしまう。

人《ひと》の迷《まよ》へること、其《そ》の日固《ひまこと》に久《ひさ》し。

人が迷いだしてからもう大分長くなるというのに。

是《ここ》を以《もっ》て聖人《せいじん》は、方《ほう》して割《かつ》せず、廉《れん》して害《がい》せず、直《ちょく》にすれども肆《し》せず、光《ひかり》あれども曜《かがや》かさず。

そこで「道」を生きる人は、全体まるごとを見るようにして、決して細かく区分して見ようとしない。

言うべき事はしっかり言うが、口で人を傷付ける事はしない。正しくしようとするが無理してやろうとはしない。光を持ってはいるがそれを輝かすことはない。

陰陽が大切だ。
陰は、充実、革新を表す。
陽は、拡大、発展を表す。
陽を山とすれば、陰は谷。
谷があるから、山があるのだ。

守道第五十九

人《ひと》を治《おさ》め天《てん》に事《つか》ふるは嗇《しょく》に若《し》くは莫《な》し。夫《そ》れ唯《ただ》嗇《しょく》なる、是《ここ》を以《もっ》て早《はや》く復《ふく》す。早《はや》く復《ふく》す、之《これ》を徳《とく》を重《かさ》ね積《つ》むと謂《い》ふ。徳《とく》を重《かさ》ね積《つ》めば則《すなわ》ち克《か》たざる無《な》し。克《か》たざること無《な》ければ則《すなわ》ち其《そ》の極《きょく》を知《し》ること莫《な》し。其《そ》の極《きょく》を知《し》ること莫《な》ければ、以《もっ》て國《くに》を有《たも》つ可《べ》し。國《くに》を有《たも》つの母《はは》、以《もっ》て長久《ちょうきゅう》なる可《べ》し。是《これ》を根《ね》を深《ふか》くし柢《てい》を固《かた》くすと謂《い》ふ。長生久視《ちょうせいきゅうし》の道《みち》なり。

人《ひと》を治《おさ》め天《てん》に事《つか》ふるは嗇《しょく》に若《し》くは莫《な》し。

人を治め天に事《つか》える事の要点は、もう充分と節度をもって節約する事にある。節度、節約とは、七分の満足。何事も七十点で満足とする事だ。

夫《そ》れ唯《ただ》嗇《しょく》なる、是《ここ》を以《もっ》て早《はや》く復《ふく》す。

そうした節度、節約の規準を持つと、いくら費やしても七十％しか使わない。いつも三十％は残っているから半分の五十％に回復させるのがいとも容易《たやす》い。百％使い切ってしまう事を考えてみればその効用がよく解る。

早《はや》く復《ふく》す、之《これ》を徳《とく》を重《かさ》ね積《つ》むと謂《い》ふ。

こうして、節度を持って節約を行うと、いつも七十点を満足とするから、「道」に対する感謝の心を失わず、誰に対しても徳を尽し、積み重ねる事となる。

徳《とく》を重《かさ》ね積《つ》めば則《すなわ》ち克《か》たざる無《な》し。

徳を積み重ねれば克服出来ない事はない。

克《か》たざること無《な》ければ則《すなわ》ち其《そ》の極《きょく》を知《し》ること莫《な》し。

克服出来ない事がなければ、限界を感じる事がない。

其《そ》の極《きょく》を知《し》ること莫《な》ければ、以《もっ》て國《くに》を有《たも》つ可《べ》し。

限界を感じる事がなければより良く国を平和に保つ事が出来る。

國《くに》を有《たも》つの母《はは》、以《もっ》て長久《ちょうきゅう》なる可《べ》し。

国を平和に保つその母こそが、「道」の教え、節度を持って節約を行う心なのだ。
そうすればするほど国も永く続き国民も長寿になっていく。

是《これ》を根《ね》を深《ふか》くし柢《てい》を固《かた》くすと謂《い》ふ。

これこそがこの世の根本をしっかりさせる事。すなわち〝根固《がた》め〟をして安定を増す事だ。

長生久視《ちょうせいきゅうし》の道《みち》なり。

それこそが永続させ不老長寿の在り方だ。

〝限度一杯〟は危険なことだ。
節度を持って、七分をもって満点とすることこそが、旨く生きるコツだ。
常に三分のエネルギーが残っていれば、どの様な事が起ころうと対処出来る。

居位第六十

大國《たいこく》を治《おさ》むるは小鮮《しょうせん》を烹《に》るが若《ごと》くす。道《みち》を以《もっ》て天下《てんか》に莅《のぞ》めば、其《そ》の鬼《き》も神《しん》ならず。其《そ》の鬼《き》、神《しん》ならざるに非《あら》ざるも、其《そ》の神《しん》、人《ひと》を傷《きず》つけざるなり。其《そ》の神《しん》、人《ひと》を傷《きず》つけざるのみに非《あら》ず、聖人《せいじん》も亦傷《またきず》つけざるなり。夫《そ》れ兩《ふたつ》ながら相傷《あいきず》つけず。故《ゆえ》に徳交《とくこも》、焉《これ》に歸《き》す。

大國《たいこく》を治《おさ》むるは小鮮《しょうせん》を烹《に》るが若《ごと》くす。

大国をうまく治めようと思ったら、小魚を烹《に》る時の要領を真似る事だ。それは、手を出し過ぎて引っくり返したりいじくりすぎていると、身が崩れてバラバラになってしまう。これは人間の集団、会社の部門や家族を動かす時のコツだよ。

道《みち》を以《もっ》て天下《てんか》に莅《のぞ》めば、其《そ》の鬼《き》も神《しん》ならず。

「道」の教えを守って、無為、作為も人為も捨てて、緊張感をもって見守るようにすると、厄介なこと、妙な事にならない。つまり鬼がわれわれの運命を狂わすような神の力を出す事はなくなるのだ。

其《そ》の鬼《き》、神《しん》ならざるに非《あら》ざるも、其《そ》の神《しん》、人《ひと》を傷《きず》つけざるなり。

鬼は当然凄い神の力を持っているが、ことさらリーダーがあれこれと指示命令を出し過ぎることがなければ、力の出しようがないから人を傷つける事もない。

其《そ》の神《しん》、人《ひと》を傷《きず》つけざるのみに非《あら》ず、聖人《せいじん》も亦《また》傷《きず》つけざるなり。

その凄い神の力は人を傷つけないばかりか、リーダーも民を傷つけるような施策の出し過ぎがない。

夫《そ》れ兩《ふたつ》ながら相傷《あいきず》つけず。故《ゆえ》に徳交《とくこもごも》ヽ焉《これ》に歸《き》す。

鬼もリーダーも両方とも傷つけなければ、民は徳に溢れた暮しを行い、また徳に帰る事が出来る。

何事も、手出し、口出しをし過ぎると、旨く行くべきものも、そうならない。
自然の力が入り込めないからだ。
この世に充満する気や力を如何に活用するかだ。

謙德第六十一

大國《たいこく》は下流《かりゅう》にして、天下《てんか》の交《こう》なり。天下《てんか》の牝《ひん》なり。牝常《ひんつね》に靜《せい》を以《もっ》て牡《ぼ》に勝《か》つ。

靜《せい》を以《もっ》て下《くだ》ることを爲《な》せばなり。故《ゆえ》に大國以《たいこくもっ》て小國《しょうこく》に下《くだ》れば則《すなわ》ち小國《しょうこく》を取《と》り、小國以《しょうこくもっ》て大國《たいこく》に下《くだ》れば則《すなわ》ち大國《たいこく》に取《と》らる。故《ゆえ》に或《あるい》は下《くだ》りて以《もっ》て取《と》り、或《あるい》は下《くだ》りて取《と》らる。大國《たいこく》は人《ひと》を兼《か》ね畜《やしな》はんと欲《ほっ》するに過《す》ぎず、小國《しょうこく》は入《い》りて人《ひと》に事《つか》へんと欲《ほっ》するに過《す》ぎず。夫《そ》れ兩者各《りょうしゃおのおの》、其《そ》の欲《ほっ》する所《ところ》を得《う》。大《だい》なる者《もの》は宜《よろ》しく下《くだ》ることを爲《な》すべし。

大國《たいこく》は下流《かりゅう》にして、天下《てんか》の交《こう》なり。

大きな人物になるという事は、上流に行くのではない。全てが集まる下流になる事。つまりこの世のもの事、特に人々の交流の場になるという事だ。

天《てん》下《か》の牝《ひん》なり。

それはまるで天下の女性の様である。
多様なもの事が集まり交流をする事から、次々と多くの新しいもの事が生まれる。

牝《ひん》常《つね》に靜《せい》を以《もっ》て牡《ぼ》に勝《か》つ。

その時大切なのは、大きな人物、つまり交流を見守る立場の者は常に冷静でなければいけない。
だから勢いや強さをもって押し切ろうとする男性に、勝つ事が出来るのだ。

静《せい》を以《もっ》て下《くだ》ることを爲《な》せばなり。

常に冷静さを失わず、誰に対してもへりくだっている事だ。

故《ゆえ》に大國《たいこく》以《もっ》て小國《しょうこく》に下《くだ》れば則《すなわ》ち小國《しょうこく》を取《と》り、小國《しょうこく》以《もっ》て大國《たいこく》に下《くだ》れば則《すなわ》ち大國《たいこく》に取《と》らる。

大きな人物（大国）が、いまだ小さい人物（小国）にへりくだるから、小さな人物と親しくなる事が出来る。

小さな人物も、それに習ってへりくだるから、大きい人物と親しくなることが出来る。

故《ゆえ》に或《あるい》は下《くだ》りて以《もっ》て取《と》り、或《あるい》は下《くだ》りて取《と》らる。

へりくだるという事は実に大切な事だ。

とても都合よく取る事も出来るし、願っていたように取られる事にもなる。

大國《たいこく》は人《ひと》を兼《か》ね畜《やしな》はんと欲《ほっ》するに過《す》ぎず、小國《しょうこく》は入《い》りて人《ひと》に事《つか》へんと欲《ほっ》するに過《す》ぎず。

大きな人物は、なるべく多くの人々と親しくなりたいと思っているにすぎない。小さい人物は、大きな人物の引き立てを受けたいと思っているにすぎない。

夫《そ》れ兩者各《りょうしゃおのおの》丶其《そ》の欲《ほっ》する所《ところ》を得《う》。大《だい》なる者《もの》は宜《よろ》しく下《くだ》ることを爲《な》すべし。

両者とも自分の願いをかなえる事が出来る。
それにしても大切なのは、大きな人物、社会的地位や富を持った者がまずへりくだる事だ。

この世の決め手は、「謙虚さ」にある。
上に行けば行くほど、謙虚の量を多くする。
当然、下にいる時は、謙虚に徹して実力を磨く時だ。

爲道第六十二

道《みち》は萬物《ばんぶつ》の奥《おく》にありて、善人《ぜんにん》の寶《たから》、不善人《ふぜんにん》の保《やす》んぜらる所《ところ》なり。美言《びげん》は以《もっ》て市《う》る可《べ》く、尊行《そんこう》は以《もっ》て人《ひと》に加《くわ》ふ可《べ》し。人《ひと》は不善《ふぜん》なるものも、何《なん》の棄《す》つることか之《こ》れ有《あ》らん。故《ゆえ》に天子《てんし》を立《た》て三公《さんこう》を置《お》くときは、拱璧《きょうへき》以《もっ》て駟馬《しば》に先《さき》だたしむる有《あ》りと雖《いえど》も、坐《ざ》して此《こ》の道《みち》を進《すす》むるに如《し》かず。古《いにしえ》の此《こ》の道《みち》を貴《たっと》ぶ所以《ゆえん》の者《もの》は何《なん》ぞや。以《もっ》て求《もと》むれば得《え》、罪有《つみあ》るも以《もっ》て免《まぬが》ると曰《い》はずや。故《ゆえ》に天下《てんか》の貴《き》と爲《な》る。

道《みち》は萬物《ばんぶつ》の奥《おく》にありて、善人《ぜんにん》の寶《たから》、不善人《ふぜんにん》の保《やす》んぜらるる所《ところ》なり。

「道」はいつも万物の奥に隠れていて見えない存在であるが、その教えと働きは、善人が宝とするところ。不善人もまた気持の安らぎを求めるところなのだ。

美言《びげん》は以《もっ》て市《う》る可《べ》く、尊行《そんこう》は以《もっ》て人《ひと》に加《くわ》ふ可《べ》し。

「道」の言葉は、人生の糧になる至言だから売る事が出来るぐらい価値がある。「道」の示す行いは、人が守って自分のものにするべき価値を持っている。

人《ひと》は不善《ふぜん》なるものも、何《なん》の棄《す》つることか之《こ》れ有《あ》らん。

人には不善なる部分もあって当然。何故なら善があれば当然不善がある。この世は陰陽で成り立っている。したがって不善もある事を承知する事だ。

故《ゆえ》に天子《てんし》を立《た》て三公《さんこう》を置《お》くときは、拱璧《きょうへき》以《もっ》て駟馬《しば》に先《さき》だたしむる有《あ》りと雖《いえど》も、坐《ざ》して此《こ》の道《みち》を進《すす》むるに如《し》かず。

天子が立てられその下に最高の官職である三公が置かれ、これらの権力者に大きな玉や四頭立の馬車が提供されるより、この「道」の教えを進言する方が大切な事だ。

古《いにしえ》の此《こ》の道《みち》を貴《たっと》ぶ所以《ゆえん》の者《もの》は何《なん》ぞや。

昔の人が「道」を価値あるものと尊んだ理由は何か。

以《もっ》て求《もと》むれば得《え》、罪有《つみあ》るも以《もっ》て免《まぬが》ると曰《い》はずや。

「道」によれば求めるものは得られ、たとえ罪があったとしても「道」に願えば免れる事を知っていたからだ。

故《ゆえ》に天下《てんか》の貴《き》と爲《な》る。

だから「道」はこの天下で尊いとされているのだ。

人間は、善と不善の両方を持つもの。
だから不善が出てしまっている人もいる。
しかし、出ているものを、今度は善に変えればいいんだ。
だから不善にも可能性がある。

恩始第六十三

無爲《むい》を爲《な》し、無事《ぶじ》を事《こと》とし、無味《むみ》を味《あじ》はふ。小《しょう》を大《だい》とし少《しょう》を多《た》とし、怨《うらみ》に報《むく》ゆるに德《とく》を以《もっ》てす。難《なん》を其《そ》の易《やす》きに圖《はか》り、大《だい》を其《そ》の細《さい》に爲《おさ》む。天下《てんか》の難事《なんじ》は、必《かなら》ず易《やす》きより作《おこ》り、天下《てんか》の大事《だいじ》は、必《かなら》ず細《さい》より作《おこ》る。是《ここ》を以《もっ》て聖人《せいじん》は終《つい》に大《だい》を爲《な》さず。故《ゆえ》に能《よ》く其《そ》の大《だい》を成《な》す。夫《そ》れ輕《かる》く諾《だく》するものは必《かなら》ず信寡《まことすくな》し。易《い》とする多《おお》ければ必《かなら》ず難《かた》きこと多《おお》し。是《ここ》を以《もっ》て聖人《せいじん》は猶《な》ほ之《これ》を難《かた》しとす。故《ゆえ》に終《つい》に難《かた》きこと無《な》し。

無為《むい》を為《な》し、無事《ぶじ》を事《こと》とし、無味《むみ》を味《あじ》はふ。

「道」を手本としている人は、やるべき事を人に見せるわけではないので、目立つ事なく「無為」に行い、特別に良い事も悪い事もない「無事」をよしとして、格別の味がない「無味」だからこそ、全ての味が味わえる。

こうした暮しが最良なのだ。

小《しょう》を大《だい》とし少《しょう》を多《た》とし、怨《うらみ》に報《むく》ゆるに徳《とく》を以《もっ》てす。

小さく少ないことを大きく多い事として捉えているから、もっともっとと欲する事がない。他人が自分に与える怨《うら》みにも事を荒げて対立しようとせず、むしろ徳をもって対するから争いにならない。

難《なん》を其《そ》の易《やす》きに圖《はか》り、大《だい》を其《そ》の細《さい》に爲《おさ》む。

この世のもの事は育つのだ。

したがって難しい事も易しいうちに対処する事だ。大事もまだ小さなうちに潰《つぶ》してしまうのだ。

天下《てんか》の難《なん》事は、必《かなら》ず易《やす》きより作《おこ》り、天下《てんか》の大事《だいじ》は、必《かなら》ず細《さい》より作《おこ》る。

何といってもこの世の難事は容易《たやす》いところから起こり、大事は小さな事から起こる事を忘れてはならない。

是《ここ》を以《もっ》て聖人《せいじん》は終《つい》に大《だい》を為《な》さず。

「道」を手本とする人は、だから大事にまで育てないから、大事というものがない。

故《ゆえ》に能《よ》く其《そ》の大《だい》を成《な》す。

だからこそ大きな仕事が出来るのだ。

夫《そ》れ軽《かる》く諾《だく》するものは必《かなら》ず信寡《まことすくな》し。

約束事を軽く承諾してしまう者は必ず信頼感を少なくしてしまうものだ。

易《い》とする多《おお》ければ必《かなら》ず難《かた》きこと多《おお》し。

全てを易しいことと軽視して行うから、全てを難しい事にしてしまう。

是《ここ》を以《もっ》て聖人《せいじん》は猶《な》ほ之《これ》を難《かた》しとす。

したがって「道」に生きる人は、注意深く暮しているから、何事も軽視する事なく、難しい事として扱っていく。

故《ゆえ》に終《つい》に難《かた》きこと無《な》し。

だからこそ難しく困ってしまう事は起きない。

もの事は、育つ。
大事、難事も最初は弱く、か細いものなのだ。
その頃に潰しておけば、全て容易《たやす》い。
注意深く周りを見て、困難になる前に潰しておこう。

守微第六十四

其《そ》の安《やす》きは持《じ》し易《やす》く、其《そ》の未《いま》だ兆《きざ》さざるは謀《はか》り易《やす》し。其《そ》の脆《もろ》きは破《やぶ》り易《やす》く、其《そ》の微《び》なるは散《さん》じ易《やす》し。之《これ》を未《いま》だ有《あ》らざるに爲《おさ》め、之《これ》を未《いま》だ亂《みだ》れざるに治《おさ》む。合抱《ごうはう》の木《き》も、毫末《ごうまつ》より生《しょう》じ、九層《きゅうそう》の臺《うてな》も、累土《るいど》より起《おこ》り、千里《せんり》の行《かう》も、足下《そくか》より始《はじ》まる。」爲《な》す者《もの》は之《これ》を敗《やぶ》り、執《と》る者《もの》は之《これ》を失《うしな》ふ。聖《せい》人《じん》は無爲《むい》なり。故《ゆえ》に敗《やぶ》るること無《な》し。執《と》ること无《な》し、故《ゆえ》に失《うしな》ふこと無《な》し。」民《たみ》の事《こと》に從《したが》ふや、常《つね》に幾《ほと》んど成《な》るに於《おい》て之《これ》を敗《やぶ》る。終《おわり》を愼《つつし》むこと始《はじめ》の如《ごと》くなれば、則《すなわ》ち事《こと》を敗《やぶ》る無《な》し。」是《ここ》を以《もっ》て聖人《せいじん》は欲《ほっ》せざるを欲《ほっ》し、得難《えがた》きの貨《か》を貴《たっと》ばず。學《まな》ばざるを學《まな》び、衆人《しゅうじん》の過《す》ぐる所《ところ》に復《かえ》る。以《もっ》て萬物《ばんぶつ》の自然《しぜん》を輔《たす》けて、敢《あえ》て爲《な》さず。

其《そ》の安《やす》きは持《じ》し易《やす》く、其《そ》の未《いま》だ兆《きざ》さざるは謀《はか》り易《やす》し。

この世のもの事は、全て何の問題も起こらぬうちに心を尽して安心出来る状態を維持すれば、何事も容易に進む。何か問題が兆す前に対処してしまえば、何事も取り扱い易い。これを悲観的に準備して、楽観的に行動するという。「道」の教えてくれるこの世の道理だ。

其《そ》の脆《もろ》きは破《やぶ》り易《やす》く、其《そ》の微《び》なるは散《さん》じ易《やす》し。

もの事は脆いうちに扱えば、厄介な問題になる前だから解消し易い。微細なうちならば、こなごなに打ち砕くのが簡単だ。

之《これ》を未《いま》だ有《あ》らざるに爲《おさ》め、之《これ》を未《いま》だ亂《みだ》れざるに治《おさ》む。

こうして問題の発生を潰《つぶ》してしまう事だ。まだありありと見える前に行ってしまう。まだ乱れない前に治めてしまう事だ。

合抱《ごうほう》の木《き》も、毫末《ごうまつ》より生《しょう》じ、九層《きゅうそう》の臺《うてな》も、累土《るいど》より起《おこ》り、千里《せんり》の行《こう》も、足下《そくか》より始《はじ》まる。」

かかえるほどの巨木も、そもそもは毛筋の先ぐらいのわずかなものから始まるのだ。巨大な堤防も、一杯の土から始まる。千里の旅行も、一歩から始まる。

爲《な》す者《もの》は之《これ》を敗《やぶ》り、執《と》る者《もの》は之《これ》を失《うしな》ふ。

人為や作為を図って労なく一挙になどと考える者は失敗する事が多い。自分の思い通りに全てを進めようとする者は、そのものを失う事が多い。

聖人《せいじん》は無爲《むい》なり。

「道」で生きる人は、無為、つまり時と場の気をよく読んで、周りと調和させて進めるから、旨く行く事が多い。

故《ゆえ》に敗《やぶ》るること無《な》し。

だから失敗する事はない。

執《と》ること无《な》し、故《ゆえ》に失《うしな》ふこと無《な》し。

何事にも必ず代替案を用意して、どっちでも良しとして、一つの事に執着する事がないから、失う事がない。

民《たみ》の事《こと》に従《したが》ふや、常《つね》に幾《ほと》んど成《な》るに於《おい》て之《これ》を敗《やぶ》る。

多くの人が仕事に従事して失敗するのは、ほとんどあと一歩で完成という時なんだ。

終《おわり》を慎《つつし》むこと始《はじめ》の如《ごと》くなれば、則《すなわ》ち事《こと》を敗《やぶ》る無《な》し。

どうしてかといえば、取りかかる始めの時のような緊張感が、完成に近付くといつしか無くなり、気がゆるむからだ。

是《ここ》を以《もっ》て聖人《せいじん》は欲《ほっ》せざるを欲《ほっ》し、得難《えがた》きの貨《か》を貴《たっと》ばず。

道に生きる人は、多くの人の様に立身出世や社会的地位、金持ちや財産家になる事を望まず、ただ絶対自由の境地を望むから手の届かない財貨などそもそも念頭にない。

學《まな》ばざるを學《まな》び、衆人《しゅうじん》の過《す》ぐる所《ところ》に復《かえ》る。

通俗的に学ぶ事と反対に、人生のほんとうに大切な事を学ぼうとする。それは多くの人が気にもとめようとしないで通り過ぎる事にある。

以《もっ》て萬物《ばんぶつ》の自然《しぜん》を輔《たす》けて、敢《あえ》て爲《な》さず。

万物のごくごく自然に生きる事を助ける。その為にも人為、作為を排するのだ。

何事も最初は慎重に行うが、終り頃になると馴れもあって注意散漫となる。
失敗はそうした時起こる。
だから次の精神が重要だ。
百里を行く者は、九十里をもって道半ばとする。
これを「半九」と言う。

淳徳第六十五

古《いにしえ》の善《よ》く道《みち》を爲《おさ》むる者《もの》は、以《もっ》て民《たみ》を明《あきら》かにするに非《あら》ず。將《まさ》に以《もっ》て之《これ》を愚《ぐ》にせんとす。民《たみ》の治《おさ》め難《がた》きは、其《そ》の智《ち》の多《おお》きを以《もっ》てなり。智《ち》を以《もっ》て國《くに》を治《おさ》むれば、國《くに》を之《こ》れ賊《ぞく》し、智《ち》を以《もっ》て國《くに》を治《おさ》めざれば、國《くに》を之《こ》れ福《ふく》す。此《こ》の兩者《りょうしゃ》を知《し》るも、亦《また》楷式《かいしき》なり。常《つね》に楷式《かいしき》を知《し》る、是《これ》を玄徳《げんとく》と謂《い》ふ。玄徳《げんとく》は深《ふか》く遠《とお》し。物《もの》と反《はん》す。乃《すなわ》ち大順《たいじゅん》に至《いた》る。

古《いにしえ》の善《よ》く道《みち》を爲《おさ》むる者《もの》は、以《もっ》て民《たみ》を明《あき》らかにするに非《あら》ず。

昔の善く「道」を体得している人が組織を運営するとき、まず行う事は、メンバーを空理空論や小賢しい議論の、一見カッコいい場に導くことを止める事だ。

將《まさ》に以《もっ》て之《これ》を愚《ぐ》にせんとす。

むしろ基礎基本を愚者の様に繰り返し、原理原則や根本根源を重視する場に導くようにする。

民《たみ》の治《おさ》め難《がた》きは、其《そ》の智《ち》の多《おお》きを以《もっ》てなり。

メンバーが一丸となって団結して組織としての力を最高に発揮出来ないのは、皆が実行実施よりも、理屈理論を自慢気に吹聴《ふいちょう》する間違った頭脳プレイに走るからだ。

智《ち》を以《もっ》て國《くに》を治《おさ》むれば、國《くに》を之《こ》れ賊《ぞく》し、智《ち》を以《もっ》て國《くに》を治《おさ》めざれば、國《くに》を之《こ》れ福《ふく》す。

間違った頭脳プレイで例えば国を治めれば、一億総評論家社会になって国を損なう。
そうしなければ実行実質本位の国柄になるから福する事になる。

此《こ》の兩者《りょうしゃ》を知《し》るも、亦楷式《またかいしき》なり。常《つね》に楷式《かいしき》を知《し》る、是《これ》を玄徳《げんとく》と謂《い》ふ。

この二つの違いを知る事は、リーダーシップの法則である。
それを目立つ事のない縁の下の力持ちの徳である玄徳という。

玄徳《げんとく》は深《ふか》く遠《とお》し。

玄徳は行き詰まる事のない、どこまでやっても終りのない深く遠いものだ。

物《もの》と反《はん》す。乃《すなわ》ち大順《たいじゅん》に至《いた》る。

それは世の常識とは反対だ。だからこそ「道」の働きに大いに順じているのだ。

小賢《こざか》しい策略を、もて囃《はや》す。
曲者を、優秀と誉めそやす。
こういう世の中では、地道な努力や見えない徳業が廃《すた》れていくから、やがて社会が滅《ほろ》ぶ。

後己第六十六

江海《こうかい》の能《よ》く百谷《ひゃくこく》の王《おう》たる所以《ゆえん》の者《もの》は、其《そ》の善《よ》く之《これ》に下《くだ》るを以《もっ》てなり。故《ゆえ》に能《よ》く百谷《ひゃくこく》の王《おう》と爲《な》る。是《ここ》を以《もっ》て聖人《せいじん》民《たみ》に上《うえ》たらんと欲《ほっ》せば、必《かなら》ず言《げん》を以《もっ》て之《これ》に下《くだ》る。民《たみ》に先《さき》んぜんと欲《ほっ》せば、必《かなら》ず身《み》を以《もっ》て之《これ》に後《おく》る。是《ここ》を以《もっ》て聖人《せいじん》上《うえ》に處《お》るも民重《たみおも》しとせず。前《まえ》に處《お》るも民害《たみがい》とせず。是《ここ》を以《もっ》て天下《てんか》樂《たの》しみ推《お》して厭《いと》はず。其《そ》の爭《あらそ》はざるを以《もっ》ての故《ゆえ》に天下《てんか》能《よ》く之《これ》と爭《あらそ》ふ莫《な》し。

江海《こうかい》の能《よ》く百谷《ひゃくこく》の王《おう》たる所以《ゆえん》の者《もの》は、其《そ》の善《よ》く之《これ》に下《くだ》るを以《もっ》てなり。

大河と大海が多くの谷の王となっている理由は、流れの下流にいて全てにへりくだっている事にある。

「情報は下流に集まる」といわれている。したがって情報を集めようと思ったら、足を棒にして低地（現場）や人込みを歩きまわる事だ。

故《ゆえ》に能《よ》く百谷《ひゃくこく》の王《おう》と為《な》る。

よくへりくだっているからこそ、多くの谷の王になっているのだ。

とっておきの情報を聞き込んで来る名記者は、上から目線は一切ない。驚くほど謙虚でへりくだっている。

更に全身が耳と目といった状態で、何事もひたすら感心して聞く。だから相手も段々乗せられて何でも話す事になる。

一言でいえば〝破格の好奇心〟の持主ばかりだ。

是《ここ》を以《もっ》て聖人《せいじん》民《たみ》に上《うえ》たらんと欲《ほっ》せば、必《かなら》ず言《げん》を以《もっ》て之《これ》に下《くだ》る。

「道」と生きる人は、民の上にいようと思えば、その発言からへりくだる事を行う。それにより、多くの下の人々が慕い親しみ懐《なつ》いてくるからだ。

民《たみ》に先《さき》んぜんと欲《ほっ》せば、必《かなら》ず身《み》を以《もっ》て之《これ》に後《おく》る。

民に先んじて良い方向に行こうと思えば、必ず一番後に身を置いて、落ちこぼれの人のいない様に見ながら進むのだ。

是《ここ》を以《もっ》て聖人《せいじん》上《うえ》に處《お》るも民重《たみおも》しとせず。前《まえ》に處《お》るも民害《たみがい》とせず。

そういう精神と態度を持った人が上にいても民は頼みにすれども、重圧を感じない。前にいてリードしても民は迷惑とは思わない。

是《ここ》を以《もっ》て天下《てんか》樂《たの》しみ推《お》して厭《いと》はず。

だからこういう人の治める天下は実に愉快だから、それをもっと推し進めようとしても民は嫌がらない。

其《そ》の爭《あらそ》はざるを以《もっ》ての故《ゆえ》に天下《てんか》能《よ》く之《これ》と爭《あらそ》ふ莫《な》し。

上と下との間が争わないから、民の間も争う事がなくなる。だから天下に争い事がなくなる。

〝へりくだる〟事ぐらい凄い事はない。
振り上げた拳《こぶし》も下げざるを得ない。
対抗しようとする意気込みも空振りになる。
知らない間に、虜《とりこ》にされている。
勝負にならないとは、この事だ。

三寶第六十七

天下《てんか》皆《みな》我《わ》が道《みち》を大《だい》にして不肖《ふしょう》に似《に》たりと謂《い》ふ。夫《そ》れ唯《ただ》大《だい》なるが故《ゆえ》に不肖《ふしょう》に似《に》たり。若《も》し肖《に》なば、久《ひさ》しいかな其《そ》の細《さい》たること。夫《そ》れ我《われ》に三寶《さんぽう》有《あ》り。持《じ》して之《これ》を寶《たから》とす。一《いち》に曰《いわ》く慈《じ》、二《に》に曰《いわ》く儉《けん》、三《さん》に曰《いわ》く敢《あえ》て天下《てんか》の先《せん》と爲《な》らず。慈《じ》なる故《ゆえ》に能《よ》く勇《ゆう》なり。儉《けん》なる故《ゆえ》に能《よ》く廣《こう》なり。敢《あえ》て天下《てんか》の先《せん》と爲《な》らず、故《ゆえ》に能《よ》く器長《きちょう》を成《な》す。今《いま》慈《じ》を捨《す》てて且《まさ》に勇《ゆう》ならんとし、儉《けん》を舍《す》てて且《まさ》に廣《ひろ》くあらんとし、後《おく》るるを舍《す》てて且《まさ》に先《さき》んぜんとすれば、死《し》せん。夫《そ》れ慈《じ》以《もっ》て戰《たたか》へば則《すなわ》ち勝《か》ち、以《もっ》て守《まも》れば則《すなわ》ち固《かた》し。天《てん》將《まさ》に之《これ》を救《すく》はんとす。慈《じ》を以《もっ》て之《これ》を衞《まも》らん。

天下《てんか》皆《みな》我《わ》が道《みち》を大《だい》にして不肖《ふしょう》に似《に》たりと謂《い》ふ。

世の中の人は皆、私の説く「道」を、大きすぎて何か完璧でなく欠点や欠陥があり、この世の常識や損得と違うように思うという。

夫《そ》れ唯《ただ》大《だい》なるが故《ゆえ》に不肖《ふしょう》に似《に》たり。

それは余りにも大きいから欠点や欠陥があるように思え、更にこの世の常識や損得と違うように思えるのだ。

若《も》し肖《に》なば、久《ひさ》しいかな其《そ》の細《さい》たること。

もし「道」が、この世の常識や損得の理屈に合致しているようなものなら、もっともっとちっぽけなものだったろう。

夫《そ》れ我《われ》に三寶《さんぽう》有《あ》り。持《じ》して之《これ》を寶《たから》とす。

われわれには三つの宝がある。それを保持してこその宝としている。

一《いち》に曰《いわ》く慈《じ》、二《に》に曰《いわ》く儉《けん》、三《さん》に曰《いわ》く敢《あえ》て天下《てんか》の先《せん》と爲《な》らず。

それは「一に慈、二に倹、三に敢えて天下の先にならない」というものだ。

慈《じ》なる故《ゆえ》に能《よ》く勇《ゆう》なり。

慈愛の心があるから大切なものを守る為の勇気が湧いてくるのだ。

儉《けん》なる故《ゆえ》に能《よ》く廣《こう》なり。

倹約して使用するからこそ、いつも広く施す事が出来る。

敢《あえ》て天下《てんか》の先《せん》と為《な》らず、故《ゆえ》に能《よ》く器長《きちょう》を成《な》す。

敢えて天下の先にならないで、いつもへりくだり、いつも最後尾にいるからこそ全体の状態を見廻すことが出来る。だから、いつしか全体の長になっている。

最新のリーダーシップは、先頭に立って〝俺に付いて来い〟式ではない。

最後尾にいて〝羊を追う〟式になっている。全体がよく見えるからだ。

一人一人のメンバーのコンディションがよく見えなければ、絶妙なマネジメントは出来ない。

今慈《いまじ》を捨《す》てて且《まさ》に勇《ゆう》ならんとし、倹《けん》を舎《す》てて且《まさ》に廣《ひろ》くあらんとし、後《おく》るるを舎《す》てて且《まさ》に先《さき》んぜんとすれば、死《し》せん。

慈愛がなくて勇気のみで行動し、倹約がなくて広く施し、先頭に立つ事だけを行っていれば、死の危険に至ってしまう。

夫《そ》れ慈《じ》以《もっ》て戦《たたか》へば則《すなわ》ち勝《か》ち、以《もっ》て守《まも》れば則《すなわ》ち固《かた》し。

慈愛をもって自国の兵士に対すれば勝てる。更に敵国の兵士に対しても慈愛をかけてやれば、敵の闘争心を削《そ》ぎ、こちらの守りも固くなる。

天将《てんまさ》に之《これ》を救《すく》はんとす。慈《じ》を以《もっ》て之《これ》を衞《まも》らん。

それ以上に天がそうした慈愛の人々を救おうとするだろうし、天も慈愛の心を持ってこうした人々を守ろうとするものだ。

この世には三つの宝がある。
慈愛と倹約と天下の先にならない。
人生は闇だ。
先に何が待ち受けているか解らない。
しかし、この三つの宝を忘れなければ、必ず対処出来る。

配天第六十八

善《よ》く士《し》たる者《もの》は武《たけだけ》しからず。善《よ》く戦《たたか》ふ者《もの》は怒《いか》らず。善《よ》く戦《たたかい》に勝《か》つ者《もの》は争《あらそ》はず。善《よ》く人《ひと》を用《もち》ふる者《もの》は下《くだ》ることを為《な》す。是《これ》を不争《ふそう》の徳《とく》と謂《い》ひ、是《これ》を人《ひと》を用《もち》ふるの力《ちから》と謂《い》ひ、是《これ》を天《てん》に配《はい》すと謂《い》ふ。古《いにしえ》の極《きょく》なり。

善《よ》く士《し》たる者《もの》は武《たけだけ》しからず。

「道」の心を持った兵士は、普通の兵士のように猛々《たけだけ》しいところがない。

善《よ》く戦《たたか》ふ者《もの》は怒《いか》らず。

「道」に通じた戦いに巧みな者はどんな場合にも冷静さを保つから、怒らない。

善《よ》く戦《たたかい》に勝《か》つ者《もの》は争《あらそ》はず。

結局勝ちを手にする者は争わない。

出世競争の最短距離を突進しようとすれば、それは衝突も軋轢《あつれき》も争いごとも多くなる。敵をつくりながら昇進しているようなもので、目的地に立ってからが大変だ。

その点、時間はかかるが争わず、ひたすら丁寧に対応し味方をつくりながら昇進すれば、目的地に立ってからがひどくやり易い。

善《よ》く人《ひと》を用《もち》ふる者《もの》は下《くだ》ることを爲《な》す。

人使いの名人は、誰に対してもへりくだって対面する。

是《これ》を不《ふ》争《そう》の徳《とく》と謂《い》ひ、是《これ》を人《ひと》を用《もち》ふるの力《ちから》と謂《い》ひ、是《これ》を天《てん》に配《はい》すと謂《い》ふ。

こうした精神と態度を不争の徳と言い、人をうまく用いる力と言い、天にかなったやり方と言う。

古《いにしえ》の極《きょく》なり。

昔からいい伝えられた巧みの極地なのだ。

争ってはいけない。
争って何か得ても、その数倍の恨みを残す。
敗ければ全て失う。
争って良い事は少しもない。

玄用第六十九

兵《へい》を用《もち》ふるもの言《い》へる有《あ》り。吾《われ》敢《あえ》て主《しゅ》と為《な》らずして客《きゃく》と為《な》り、敢《あえ》て寸《すん》を進《すす》まずして尺《しゃく》を退《しりぞ》く。是《これ》を行《ゆ》くに行《ゆ》くところ無《な》く、攘《はら》ふに臂《ひじ》無《な》く、仍《つ》くに敵《てき》無《な》く、執《と》るに兵《へい》無《な》しと謂《い》ふ。禍《わざわい》は敵《てき》を軽《かろ》んずるより大《だい》なるは莫《な》し。敵《てき》を軽《かろ》んずれば幾《ほと》んど吾《わ》が寳《たから》を喪《うしな》はん。故《ゆえ》に抗兵《こうへい》相加《あいくわ》ふるときは、襄《ゆず》る者《もの》勝《か》つ。

兵《へい》を用《もち》ふるもの言《い》へる有《あ》り。吾敢《われあえ》て主《しゅ》と為《な》らずして客《きゃく》と為《な》り、敢《あえ》て寸《すん》を進《すす》まずして尺《しゃく》を退《しりぞ》く。

用兵に優れた者がよくいうのは、自分の方から仕掛けるような事をせず、いつも相手の出方を見守って待ちかまえている。相手が攻めて来たらその距離だけ退き、間合いを常に同じに保ち続ける。

「主とならず」とは、主導権を握って敵に迫って行かない事だ。何故か。そうするほど熱くなって戦う心にあおられて翻弄されてしまうからだ。

だから「客となる」。常に客観的にクールに対する事が、戦争に深入りしないコツなのだ。

是《これ》を行《ゆ》くに行《ゆ》くところ無《な》く、攘《はら》ふに臂無《ひじな》く、仍《つ》くに敵無《てきな》く、執《と》るに兵無《へいな》しと謂《い》ふ。

こうした事を続けると敵は行こうとしても行けないし、敵の腕を払おうともそこに敵の腕なく、突こうともそこに敵なく、攻めようにも、攻めるところに兵士がいないという事になる。

禍《わざわい》は敵《てき》を輕《かろ》んずるより大《だい》なるは莫《な》し。

禍は敵を軽視するぐらい大きなものはない。

敵《てき》を輕《かろ》んずれば幾《ほと》んど吾《わ》が寶《たから》を喪《うしな》はん。

敵を軽視すればするほど、自国の宝とする兵士を失う事になる。

故《ゆえ》に抗兵相加《こうへいあいくわ》ふるときは、襄《ゆず》る者《もの》勝《か》つ。

したがって戦闘の現場では、その場を譲って退く方が結局は勝利を手にするものだ。

勝つ者には鉄則がある。
相手を強敵と思い続ける事だ。
敗ける者には鉄則がある。
敵を侮《あなど》った者だ。

知難第七十

吾《わ》が言《げん》は甚《はなは》だ知《し》り易《やす》く、甚《はなは》だ行《おこな》ひ易《やす》きも、天下《てんか》能《よ》く知《し》る莫《な》く、能《よ》く行《おこな》ふ莫《な》し。言《げん》に宗《そう》有《あ》り、事《こと》に君《きみ》有《あ》り。夫《そ》れ唯《ただ》知《し》る無《な》しとす。是《ここ》を以《もっ》て我《われ》を知《し》らず。我《われ》を知《し》る希《な》ければ、則《すなわ》ち我《われ》は貴《とうと》し。是《ここ》を以《もっ》て聖人《せいじん》は、褐《かつ》を被《こうむ》りて玉《たま》を懐《いだ》く。

吾《わ》が言《げん》は甚《はなは》だ知《し》り易《やす》く、甚《はなは》だ行《おこな》ひ易《やす》きも、天下《てんか》能《よ》く知《し》る莫《な》く、能《よ》く行《おこな》ふ莫《な》し。

私の言はとても解り易く、とても行い易いのだが、この世にはよく解ってくれる人もいない。よく行ってくれる人もいない。

言《げん》に宗《そう》有《あ》り、事《こと》に君《きみ》有《あ》り。

言には大本《おおもと》があり、物事にはセオリーというものがある。

夫《そ》れ唯《ただ》知《し》る無《な》しとす。是《ここ》を以《もっ》て我《われ》を知《し》らず。

つまりこの世には「道」という根源があり、この世の良い在り方には「道」の在り方というセオリーがあるのだ。

それを皆知らない。

だから私の事も知らない。

我《われ》を知《し》る希《な》ければ、則《すなわ》ち我《われ》は貴《とうと》し。

私を知らないという事は、私が希有の存在だという事。つまり私の貴さを表している。

是《ここ》を以《もっ》て聖人《せいじん》は、褐《かつ》を被《こうむ》りて玉《たま》を懐《いだ》く。

したがって道を大切にする人は、粗末な服装をしているが、心の中には「道」という最上の宝石を抱いている。

「道」の説く教えは〝視点を替え、観点を替えれば〟、こんなに知り易く、行い易いものはない。
しかし、いまの世の常識を視点、観点にするから、知る人も、実行する人も少ない。

知病第七十一

知《し》りて知《し》らずとするは上《じょう》。知《し》らずして知《し》れりとするは病《へい》。夫《そ》れ唯《ただ》病《へい》を病《へい》とす。是《ここ》を以《もっ》て病《へい》せず。聖人《せいじん》病《へい》せず。其《そ》の病《へい》を病《へい》とするを以《もっ》てなり。是《ここ》を以《もっ》て病《へい》せず。

知《し》りて知《し》らずとするは上《じょう》。

知っていても、いやまだしっかりと知らないからと、知らないとするのは上等な事だ。ここでいっている〝知る、知らない〟とは、「道」を知っているか、といっているのだ。「道」は奥深いから、どこまで行っても、まだ知らないというしかない。

知《し》らずして知《し》れりとするは病《へい》。

知りもしないのに知っているとするのは病気だ。

夫《そ》れ唯《ただ》病《へい》を病《へい》とす。是《ここ》を以《もっ》て病《へい》せず。

知ったかぶりを病気であるとしていれば病気になる事はない。

聖人病《せいじんへい》せず。

「道」と生きる人は、だから病気になる事はない。

其《そ》の病《へい》を病《へい》とするを以《もっ》てなり。是《ここ》を以《もっ》て病《へい》せず。

病気である事がどういう事かをよく知っているから、病気にならないのだ。

知ったかぶりも限度というものがある。
何でも彼《か》でも、知っているという人がいる。
それはもはや病気だ。
治療の必要がある。

愛己第七十二

民《たみ》威《い》を畏《おそ》れざれば、大《たい》威《い》至《いた》らん。其《そ》の居《お》る所《ところ》を狭《せま》しとする無《な》く、其《そ》の生《い》くる所《ところ》を厭《いと》ふこと無《な》し。夫《そ》れ唯《ただ》厭《いと》はず、是《ここ》を以《もっ》て厭《いと》はれず。是《ここ》を以《もっ》て聖人《せいじん》は、自《みずか》ら知《し》りて自《みずか》ら見《あら》はさず。自《みずか》ら愛《あい》して自《みずか》ら貴《たっと》くせず。故《ゆえ》に彼《かれ》を去《さ》りて此《これ》を取《と》る。

民威《たみい》を畏《おそ》れざれば、大威《たいい》至《いた》らん。

多くの人々が、見えない力を畏敬しなければ、自分勝手な振舞いばかりになるから、見えない力によって罰せられる。

其《そ》の居《お》る所《ところ》を狭《せま》しとする無《な》く、其《そ》の生《い》くる所《ところ》を厭《いと》ふこと無《な》し。

自分の暮す住居を狭くるしいなどといわない。生きている事自体を嫌な事ともいわない。

夫《そ》れ唯《ただ》厭《いと》はず、是《ここ》を以《もっ》て厭《いと》はれず。

だから見えない力によって、もっと嫌な事にされてしまう事もない。

是《ここ》を以《もっ》て聖人《せいじん》は、自《みずか》ら知《し》りて自《みずか》ら見《あら》はさず。

「道」に生きる人は自分という事をよく知って、自分から世の中に自分を目立たすような事をしない。

自《みずか》ら愛《あい》して自《みずか》ら貴《たっと》くせず。

自分の事を大切だと思っているから、自分を偉い存在などと目立たす事はない。

故《ゆえ》に彼《かれ》を去《さ》りて此《これ》を取《と》る。

だから、見栄、見てくれ、良い格好をする事などを排して、質撲に生き、実質を重視し心の平安の方を取るのだ。

住めば都というではないか。
自分のいまの境遇を最上とする。
これが旨く生きる秘訣だ。
いつも他者を羨《うらや》んでいる人は、不幸の典型だ。

任爲第七十三

敢《かん》に勇《ゆう》なれば則《すなわ》ち殺《さつ》、不敢《ふかん》に勇《ゆう》なれば則《すなわ》ち活《かつ》。此《こ》の兩《りょう》者《しゃ》、或《あるい》は利《り》或《あるい》は害《がい》。天《てん》の惡《にく》む所《ところ》、孰《たれ》か其《そ》の故《ゆえ》を知《し》らん。是《ここ》を以《もっ》て聖人《せいじん》も猶《な》ほ之《これ》を難《かた》しとす。天《てん》の道《みち》は爭《あらそ》はずして善《よ》く勝《か》ち、言《い》はずして善《よ》く應《おう》じ、召《め》さずして自《おのずか》ら來《きた》り、繟然《せんぜん》として善《よ》く謀《はか》る。天《てん》網《もう》恢恢《かいかい》、疏《そ》にして失《うしな》はず。

敢《かん》に勇《ゆう》なれば則《すなわ》ち殺《さつ》、不敢《ふかん》に勇《ゆう》なれば則《すなわ》ち活《かつ》。

勇猛果敢を以て何事も行えば、自分も相手も殺す危険がある。用心深く慎重な事に勇気を振えば、自分も相手も活かすことが出来る。

此《こ》の兩者《りょうしゃ》、或《あるい》は利《り》或《あるい》は害《がい》。

この二つの違いは、一つは利をもたらし、一つは害をもたらす。

天《てん》の悪《にく》む所《ところ》、孰《たれ》か其《そ》の故《ゆえ》を知《し》らん。

天がにくむ所こそ前者であるが、それをよく知っている者はいない。

是《ここ》を以《もっ》て聖人《せいじん》も猶《な》ほ之《これ》を難《かた》しとす。

したがって「道」を修める人も、この事を難しい事と捉えて軽く扱わない。

任爲第七十三

天《てん》の道《みち》は争《あらそ》はずして善《よ》く勝《か》ち、言《い》はずして善《よ》く應《おう》じ、召《め》さずして自《おのずか》ら來《きた》り、繟《せん》然《ぜん》として善《よ》く謀《はか》る。

「道」は争わないで結局は善く勝ち、強いて言わないで善く応じ、来てくれといわなくても来てもらいたいものが来る。ゆっくりしているようだが、よくよく考えられている。

天網恢恢《てんもうかいかい》、疏《そ》にして失《うしな》はず。

天の網は荒くて大きいからよく見えない。だから無い様にみえるが、そんな事はない。しっかりと善い事も悪い事も決して見逃《のが》さない。

勇気も使い用だ。
戦う勇気など、危《あぶ》なくってしょうがない。
戦わないようにする時に使うのが、ほんとうの勇気だ。

制惑第七十四

民《たみ》死《し》を畏《おそ》れずんば、奈何《いかん》ぞ死《し》を以《もっ》て之《これ》を懼《おそ》れしめん。若《も》し民《たみ》をして常《つね》に死《し》を畏《おそ》れしめて、而《しか》も奇《き》を爲《な》す者《もの》は、吾執《われとら》へて之《これ》を殺《ころ》すことを得《え》ば、孰《たれ》か敢《あえ》てせんや。

常《つね》に司殺者《しさつしゃ》有《あ》り。夫《そ》れ司殺者《しさつしゃ》に代《かわ》る、是《これ》を大匠《だいしょう》に代《かわ》りて斲《き》ると謂《い》ふ。夫《そ》れ大匠《だいしょう》に代《かわ》りて斲《き》る者《もの》は、手《て》を傷《きずつ》けざる有《あ》ること希《な》し。

民死《たみし》を畏《おそ》れずんば、奈何《いかん》ぞ死《し》を以《もっ》て之《これ》を懼《おそ》れしめん。

民が〝もう死んでも構わない〟と覚悟を決めて死を恐れなくなれば、死罪を科するなど、死の恐怖をもって民を治める事が出来ようか。

若《も》し民《たみ》をして常《つね》に死《し》を畏《おそ》れしめて、而《しか》も奇《き》を爲《な》す者《もの》は、吾執《われとら》へて之《これ》を殺《ころ》すことを得《え》ば、孰《たれ》か敢《あえ》てせんや。

もし民を常に死を恐れさせ、何かおかしな事をする者がいれば、私は捕えて殺す事が出来たとしても、誰が敢えてそう出来ようか。

常《つね》に司殺者《しさつしゃ》有《あ》り。

どうしてかといえば、天が殺しを司《つかさど》っているのだ。

夫《そ》れ司殺者《しさつしゃ》に代《かわ》る、是《これ》を大匠《だいしょう》に代《かわ》りて斲《き》ると謂《い》ふ。

その天の殺しを司る事に代って、殺すとすれば、それは大工の名人に代って素人が木を切る事をいう。

夫《そ》れ大匠《だいしょう》に代《かわ》りて斲《き》る者《もの》は、手《て》を傷《きずつ》けざる有《あ》ること希《な》し。

そんな事をすれば、必ず自分の手を切ってしまう事になるのだ。

「道」は何よりも生命《いのち》を尊重する。
だからこの世から〝殺す事〟を撲滅したいと思っている。
死刑も天に任せたらどうだ、と「道」はいう。

貪損第七十五

民《たみ》の飢《う》うるは、其《そ》の上《かみ》の税《ぜい》を食《は》むの多《おお》きを以《もっ》てなり。是《ここ》を以《もっ》て飢《う》う。民《たみ》の治《おさ》め難《がた》きは、其《そ》の上《かみ》の爲《な》す有《あ》るを以《もっ》てなり。是《ここ》を以《もっ》て治《おさ》め難《がた》し。民《たみ》の死《し》を輕《かろ》んずるは、其《そ》の上《かみ》の生《せい》を生《せい》とするの厚《あつ》きを以《もっ》てなり。是《ここ》を以《もっ》て死《し》を輕《かろ》んず。夫《そ》れ唯《ただ》生《せい》を以《もっ》て貴《とうと》しと爲《な》すこと無《な》き者《もの》は、是《こ》れ生《せい》を貴《たっと》ぶより賢《まさ》れり。

民《たみ》の飢《う》うるは、其《そ》の上《かみ》の税《ぜい》を食《は》むの多《おお》きを以《もっ》てなり。是《ここ》を以《もっ》て飢《う》う。

民が飢えに苦しむのは、為政者が税を多く取るからだ。だから飢える。

民《たみ》の治《おさ》め難《がた》きは、其《そ》の上《かみ》の爲《な》す有《あ》るを以《もっ》てなり。

民を治めるのが難しいのは、無闇に為政者が施策を出し過ぎるからだ。

是《ここ》を以《もっ》て治《おさ》め難《がた》し。

つまり治め難くしているのこそ、治める方の為政者の行い方に問題があるからなのだ。

民《たみ》の死《し》を軽《かろ》んずるは、其《そ》の上《かみ》の生《せい》を生《せい》とするの厚《あつ》きを以《もっ》てなり。是《ここ》を以《もっ》て死《し》を輕《かろ》んず。

民の死が軽い事とされてしまうのは、為政者が何しろ自分が生きる事を目的として政治を行っているからだ。為政者が生きれば生きるほど、民の死が軽いものになる。

夫《そ》れ唯生《ただせい》を以《もっ》て貴《とうと》しと爲《な》すこと無《な》き者《もの》は、是《こ》れ生《せい》を貴《たっと》ぶより賢《まさ》れり。

だから自分の生にとらわれない者は、生に執着して税を重くする者よりまだましだ。

この世は治める人と治められる人から出来ている。
何事も治める人の匙加減にかかっている。
恐ろしいといえば、こんなに恐ろしい事はない。

戒强第七十六

人《ひと》の生《う》まるるや柔弱《じゅうじゃく》なり。其《そ》の死《し》するや堅强《けんきょう》なり。萬物《ばんぶつ》草木《そうもく》の生《しょう》ずるや柔脆《じゅうぜい》なり。其《そ》の死《し》するや枯槁《ここう》す。故《ゆえ》に堅《けん》强《きょう》なる者《もの》は死《し》の徒《と》、柔弱《じゅうじゃく》なる者《もの》は生《せい》の徒《と》なり。是《ここ》を以《もっ》て兵《へい》强《つよ》ければ則《すなわ》ち滅《ほろ》び、木《き》强《つよ》ければ則《すなわ》ち折《お》らる。强大《きょうだい》なるは下《した》に處《お》り、柔弱《じゅうじゃく》なるは上《うえ》に處《お》る。

人《ひと》の生《う》まるるや柔弱《じゅうじゃく》なり。

人が生まれてしばらくは皆身体《からだ》は柔らかい。
生命力に溢《あふ》れているからだ。

其《そ》の死《し》するや堅強《けんきょう》なり。

しかし死ぬ時は皆身体は堅くなる。
生命力が枯渇してくるからだ。

萬物草木《ばんぶつそうもく》の生《しょう》ずるや柔脆《じゅうぜい》なり。

この世の生きとし生けるもの、草だって木だってその生じる時はきまって柔らかくか弱いものだ。

其《そ》の死《し》するや枯槁《ここう》す。

しかしその死ぬ時はきまって枯れてしまう。

故《ゆえ》に堅強《けんきょう》なる者《もの》は死《し》の徒《と》、柔弱《じゅうじゃく》なる者《もの》は生《せい》の徒《と》なり。

そうしたこの世の道理からすると、堅く強い者はもう既に死のグループの一員だ。だから柔らかくしなやかな者は、充分に生のグループの一員なのだ。

是《ここ》を以《もっ》て兵強《へいつよ》ければ則《すなわ》ち滅《ほろ》び、木強《きつよ》ければ則《すなわ》ち折《お》らる。

したがって軍隊でも同じ事で、強ければ強いほど腕に自信があるものだからすぐ戦って結局は滅びる事になる。木だって同じで、強い枝ほどある時ぽっきりと折れてしまうものだ。

強大《きょうだい》なるは下《した》に處《お》り、柔弱《じゅうじゃく》なるは上《うえ》に處《お》る。

この世の道理、自然の状態は強く大きなものは下にいるもので、柔らかくしなやかなものは上にいるように出来ている。

ビジネスの世界では、最早「ストレングス（Strength）＝強さ」は死語となり、「レジリエンス（resilience）＝復元力、立ち直る力」に取って代わられている。

柔軟さが若さを決めるのだ。
年令が若くても頭が固い、身体が堅いでは、実は既に老人だ。
頭を柔らかく、しなやかに保つのは、知的好奇心が一番だ。

天道第七十七

天《てん》の道《みち》は其《そ》れ猶《な》ほ弓《ゆみ》を張《は》るがごときか。高《たか》き者《もの》は之《これ》を抑《おさ》へ、下《ひく》き者《もの》は之《これ》を擧《あ》ぐ。

餘《あまり》有《あ》る者《もの》は之《これ》を損《へら》し、足《た》らざる者《もの》は之《これ》に與《あた》ふ。天《てん》の道《みち》は餘《あまり》有《あ》るを損《へら》して足《た》らざるを補《おぎな》ふ。人《ひと》の道《みち》は則《すなわ》ち然《しか》らず。足《た》らざるを損《へら》し以《もっ》て餘《あまり》有《あ》るに奉《ほう》ず。孰《たれ》か能《よ》く餘《あまり》有《あ》り以《もっ》て天《てん》下《か》に奉《ほう》ぜん。唯有道者《ただゆうどうしゃ》のみ。是《ここ》を以《もっ》て聖人《せいじん》は、爲《な》して恃《たの》まず、功《こう》成《な》りて處《お》らず。其《そ》れ賢《けん》を見《しめ》すを欲《ほっ》せざるなり。

天《てん》の道《みち》は其《そ》れ猶《な》ほ弓《ゆみ》を張《は》るがごときか。

天の道理は弓に矢をつがえて引きしぼるように、一旦矢の飛ぶ方向とは逆に矢を引っ張る事になる。これが天の道理だ。

高《たか》き者《もの》は之《これ》を抑《おさ》へ、下《ひく》き者《もの》は之《これ》を擧《あ》ぐ。

高くなる者は、今度は押さえる力が働き、低くなる者は、今度は上げる力が働く。

餘《あまりあ》有る者《もの》は之《これ》を損《へら》し、足《た》らざる者《もの》は之《これ》に與《あた》ふ。

余りがある者はこれを減らし、足らない者には、これに与える。

天《てん》の道《みち》は餘《あまりあ》有るを損《へら》して足《た》らざるを補《おぎな》ふ。

天の道理は余りあるものは減らし、足らない者には加えて補ってあげるのだ。

人《ひと》の道《みち》は則《すなわ》ち然《しか》らず。

ところが人間がやる事といったら全く反対なのだ。

足《た》らざるを損《へら》し以《もっ》て餘《あまり》有《あ》るに奉《ほう》ず。

足らない者にはもっと減らし、余りある者にはもっと加える。

孰《たれ》か能《よ》く餘《あまり》有《あ》り以《もっ》て天下《てんか》に奉《ほう》ぜん。唯有道者《ただゆうどうしゃ》のみ。

誰がよく余りあると、天下のために提供しようとするのか。それをするのは、ただ「道」の教えを修得した者だけだ。

是《ここ》を以《もっ》て聖人《せいじん》は、爲《な》して恃《たの》まず、功成《こうな》りて處《お》らず。

したがって「道」に生きる者は、行うべき事をしっかり行うが、それを頼みにしない。

成功しても、そこにいつまでもいようとしない。

其《そ》れ賢《けん》を見《しめ》すを欲《ほっ》せざるなり。

何故か。自己の真に賢いところなんか、示す事はしないのだ。

この世の中には、〝平《たい》ら〟にするという力が働いている。
成功して、更に驕慢などというのは、出過ぎているから、平らにされる。
窪みで暮していれば、持ち上げてくれる。

任信第七十八

天下《てんか》の柔弱《じゅうじゃく》なるもの、水《みず》に過《す》ぐるは莫《な》し。而《しか》も堅強《けんきょう》を攻《せ》むる者《もの》、能《よ》く勝《まさ》るあるを知《し》る莫《な》し。其《そ》れ以《もっ》て之《これ》に易《かわ》るもの無《な》し。弱《じゃく》の強《きょう》に勝《か》ち、柔《じゅう》の剛《ごう》に勝《か》つは、天下《てんか》知《し》らざるもの莫《な》きも、能《よ》く行《おこな》ふは莫《な》し。故《ゆえ》に聖人《せいじん》云《い》ふ、國《くに》の垢《あか》を受《う》くる、是《これ》を社稷《しゃしょく》の主《しゅ》と謂《い》ひ、國《くに》の不祥《ふしょう》を受《う》くる、是《これ》を天下《てんか》の王《おう》と謂《い》ふ、と。正言《せいげん》は反《はん》するが若《ごと》し。

天下《てんか》の柔弱《じゅうじゃく》なるもの、水《みず》に過《す》ぐるは莫《な》し。

この世で最も柔らかくしなやかなものは、水に優《すぐ》るものはない。

而《しか》も堅強《けんきょう》を攻《せ》むる者《もの》、能《よ》く勝《まさ》るあるを知《し》る莫《な》し。其《そ》れ以《もっ》て之《これ》に易《かわ》るもの無《な》し。

堅くて強いものを攻めるには、水に勝るものはない。

水の代りを務められるものなどない。

弱《じゃく》の強《きょう》に勝《か》ち、柔《じゅう》の剛《ごう》に勝《か》つは、天下《てんか》知《し》らざるもの莫《な》きも、能《よ》く行《おこな》ふは莫《な》し。

しなやかなものが強いものに勝ち、柔らかなものが剛《かた》いものに勝つ事は、この世で知らないものはないが、それをよく行うものはいない。

故《ゆえ》に聖人《せいじん》云《い》ふ、國《くに》の垢《あか》を受《う》くる、是《これ》を社稷《しゃしょく》の主《しゅ》と謂《い》ひ、國《くに》の不祥《ふしょう》を受《う》くる、是《これ》を天下《てんか》の王《おう》と謂《い》ふ、と。

したがって「道」に生きる人はいう。国の汚れを引き受ける、これを国の主という。国のよくない点を引き受ける、これをこの世の主という。

正言《せいげん》は反《はん》するが若《ごと》し。

ほんとうに正しい言葉は、世の中でいわれている事とは反対のようだ。

リーダーは、益を受ける人ではない。
むしろ損の部分を受け持つ人だ。
活動で出る組織の垢《あか》や不祥事をきれいにする事こそが役割だ。

任契第七十九

大怨《たいえん》を和《やわら》ぐるも、必《かなら》ず餘怨《よえん》有《あ》り。安《いずく》んぞ以《もっ》て善《ぜん》と爲《な》す可《べ》けんや。是《ここ》を以《もっ》て聖人《せいじん》は左契《さけい》を執《と》るも、而《しか》も人《ひと》を責《せ》めず。有徳《ゆうとく》は契《けい》を司《つかさど》り、無徳《むとく》は徹《てっ》を司《つかさど》る。天道《てんどう》は親《しん》無《な》けれども、常《つね》に善人《ぜんにん》に與《くみ》す。

大怨《たいえん》を和《やわら》ぐるも、必《かなら》ず餘怨《よえん》有《あ》り。

大きな怨みを買ったら、少々それに対して和らげる事をやっても、怨みは残るものだ。

安《いずく》んぞ以《もっ》て善《ぜん》と爲《な》す可《べ》けんや。

したがって大きな怨みを買うようなことを善いといえようか。

是《ここ》を以《もっ》て聖人《せいじん》は左契《さけい》を執《と》るも、而《しか》も人《ひと》を責《せ》めず。

「道」に生きる人は、金を貸す方になったとしても、人を責め立てるような事はしない。

有徳《ゆうとく》は契《けい》を司《つかさど》り、無徳《むとく》は徹《てつ》を司《つかさど》る。

徳のある者は契約を司り、徳のない者は取り立てを司る。

天道《てんどう》は親無《しんな》けれども、常《つね》に善人《ぜんにん》に與《くみ》す。

天の道が特別に親愛を持つ相手はいない。しかし善人には味方するものだ。

一回受けた怨《うら》み辛《つら》みは、なかなか解消されないものだ。
どうやっても、少々の心の蟠《わだかま》りは残る。
だから、絶対に怨みだけは買ってはならない。

獨立第八十

小國寡民《しょうこくかみん》。人《ひと》に什伯《じゅうはく》するの器《き》有《あ》るも用《もち》ひざらしむ。民《たみ》をして死《し》を重《おも》んじて遠《とお》く徙《うつ》らざらしむ。舟轝《しゅうよ》有《あ》りと雖《いえど》も、之《これ》に乘《の》る所《ところ》無《な》し。甲兵《こうへい》有《あ》りと雖《いえど》も、之《これ》を陳《ちん》ずる所《ところ》無《な》し。民《たみ》をして復《また》結繩《けつじょう》して之《これ》を用《もち》ひしむ。其《そ》の食《しょく》を甘《あま》しとし、其《そ》の服《ふく》を美《び》とし、其《そ》の居《きょ》に安《やす》んじ、其《そ》の俗《ぞく》を樂《たの》しむ。鄰國相望《りんごくあいのぞ》み、雞狗《けいく》の聲《こえ》相聞《あいきこ》ゆるも、民《たみ》老死《ろうし》に至《いた》るまで、相往來《あいおうらい》せず。

小國寡民《しょうこくかみん》。

「道」の説く国の在るべき姿は、まず小さな国で、少ない国民である事だ。人と人の触れ合いを大切に思えば、どうしてもこうなる。

人《ひと》に什伯《じゅうはく》するの器《き》有《あ》るも用《もち》ひざらしむ。

文明の利器があったとしても、それが真に人間のためになるかといえばそうでもない。水道の水より近くの湧水の方がうまい。ご飯はガスや電気で炊くより薪で炊いた方がうまい。自分で耕した田圃《たんぼ》や畑で作った農作物の方が安心だ。

民《たみ》をして死《し》を重《おも》んじて遠《とお》く徙《うつ》らざらしむ。

またこの国の民は、死を重視している。という事は生を最も大切にし、生きている事を何より価値だとするからだ。生命《いのち》を粗末に思っている様な国には、この国の民は決して移って行かない。

舟輿《しゅうよ》有《あ》りと雖《いえど》も、之《これ》に乗《の》る所《ところ》無《な》し。

舟や車があってもそれに乗るより、自分の足で歩いた方が快適だ。

甲兵《こうへい》有《あ》りと雖《いえど》も、之《これ》を陳《ちん》ずる所《ところ》無《な》し。

強い軍隊と優秀な兵士がいたとしても、だいたい戦争をしないから、無用の長物になっている。

民《たみ》をして復《また》結縄《けつじょう》して之《これ》を用《もち》ひしむ。

民の間では、だいたいの人が誰かの友達だから互いに信頼感によって付き合っている。だから大した契約などしない。

其《そ》の食《しょく》を甘《あま》しとし、其《そ》の服《ふく》を美《び》とし、其《そ》の居《きょ》に安《やす》んじ、其《そ》の俗《ぞく》を樂《たの》しむ。

自分達が食べている食事が一番、着ている服が一番、住んでる住いが一番と思って、この国の風俗国柄を楽しんで暮している。

鄰國《りんごく》相望《あいのぞ》み、雞狗《けいく》の聲《こえ》相聞《あいきこ》ゆるも、民《たみ》老死《ろうし》に至《いた》るまで、相往來《あいおうらい》せず。

隣りの国が近くによく見え、鳥や犬の鳴き声だって聞こえる距離だが、民は一生、行き来をしようとしない。自分の国が一番と思っているからだ。

> 一人一人の人間と丁寧に付き合おうと思ったら、組織は余り多くしない方が良い。人数が多くなればなるほど、人間関係は〝水臭く〟なる。

顯質第八十一

信言《しんげん》は美《び》ならず、美言《びげん》は信《しん》ならず。善者《ぜんしゃ》は辯《べん》ぜず、辯《べん》ずる者《もの》は善《よ》からず。知者《ちしゃ》は博《ひろ》からず、博《ひろ》き者《もの》は知《し》らず。聖人《せいじん》は積《つ》まず。既《ことごと》く以《もっ》て人《ひと》の爲《ため》にして、己愈《おのれいよいよ》、有《ゆう》す。既《ことごと》く以《もっ》て人《ひと》に與《あた》へて、己愈《おのれいよいよ》、多《おお》し。天《てん》の道《みち》は、利《り》して害《がい》せず。聖人《せいじん》の道《みち》は、爲《な》して爭《あらそ》はず。

信言《しんげん》は美《び》ならず、美言《びげん》は信《しん》ならず。

ほんとうに大切な忠告やお叱りは、美しい言葉などではない。魂の叫びだ。
美しい言葉は信用できない。

善者《ぜんしゃ》は辯《べん》ぜず、辯《べん》ずる者《もの》は善《よ》からず。

ほんとうに善なることを黙々と陰で行っている人は、ぺらぺらとそうした事をいわない。
弁舌巧みな人は善者とはいえない。

知者《ちしゃ》は博《ひろ》からず、博《ひろ》き者《もの》は知《し》らず。

重要な真理はいくつかしかない。
だからほんとうにそれを知っている人は、博い知識などない。
博い知識の持主は存外真理など知らないものだ。

聖人《せいじん》は積《つ》まず。

道を手本とする人は、溜め込む事をしない。

既《ことごと》く以《もっ》て人《ひと》の為《ため》にして、己《おのれ》愈ゝ《いよいよ》有《ゆう》す。

持っていればことごとく他人の為に費やしてしまうからだ。
だから多くの人の真の信頼が溜まるばかり。

既《ことごと》く以《もっ》て人《ひと》に與《あた》へて、己《おのれ》愈ゝ《いよいよ》多《おお》し。

何もかもことごとく他人に与えてしまうのだ。
だから何もかも不自由する事はない。
多くの人が気遣って持ち寄ってくれるからだ。

天《てん》の道《みち》は、利《り》して害《がい》せず。

天の道は全てを絶好絶妙に活用して、決して害するようなことはしない。

聖人《せいじん》の道《みち》は、爲《な》して争《あらそ》はず。

「道」に生きる人の在り方は、全ての他者と対立し争う事はない。

ほんとうの物事は、素朴で真心が込もったものと承知していた方が良い。そうでないと、見た目や評判など実体とかけ離れたものに騙されやすい。

おわりに

二十一世紀は、「老荘思想」の時代だといわれています。

それは、自己の生きる意味を問い、「自分による自分の人生」を生きる事を重視する時代が来たという事です。

大勢に順じて生きる方が楽だという考え方もあります。どちらかといえば、戦後はそうした時代であったと言えます。

しかしそれは、自由の喜びを失う事でもありました。国の示す方向に順じて生きるとか、会社の下す決断に従って生きる事となるからです。

いまはむしろ、自分が何を望み、どの様な人生を生きるのかが問われているのです。良く言えば、やっと自由を満喫して生きるという人間の真の願いが叶えられる時が来たのです。

しかしそれは、厳しくも難しい時代が来たともいえるのです。

自分の生き方の確立が強く求められ、それを貫く事が前提となっての自由であるからです。

そうした時代の生きる指針に最適な座右の書こそ「老子」なのです。

そこで今回は、この様な時代背景も加味して『老子「道徳経」』を読んでみました。

その為にも原文で「聖人」とあるところを、「道」の在り様を自己の在り様とする人とか、

「道」の教えに生きる人とか、より身近な存在として訳してあります。「聖人」と聞いただけで、自分とは縁遠いもの、自分には手の届かない存在と思って欲しくなかったからです。

どちらかといえば、欠点のみ多かった私のような人間こそが「老子」に救われたのです。迷っている人、悩んでいる人、あるいは弱い人、欠点が多いと思っている人こそ、読んで欲しい。そして役立たせて欲しいと思ったからです。

「老子」に出合って五十年。これを今日的に読み解く事こそ、私の最も大切な務めであり願いでもありました。

いまその願いがこうして現実のものとなったのです。感激です。感謝です。

その機会をつくって下さった致知出版社長藤尾秀昭氏、副社長柳澤まり子氏、編集の任に当って下さった小森俊司氏には、感謝の言葉しかありません。心から御礼を申し上げます。

時代を共にする多くの方々にとって、「老子」という永遠不滅の知恵が、より身近な存在になって下さる事を強く願っております。

二〇一七年一月　祖師谷の玄妙館にて

田口佳史

〈著者略歴〉

田口佳史（たぐち・よしふみ）
昭和17年東京生まれ。東洋思想研究者。日本大学芸術学部卒業。新進の記録映画監督として活躍中。25歳の時、タイ国で重傷を負い、生死の境で「老子」と出合う。以後、中国古典思想研究に従事。東洋倫理学、東洋リーダーシップ論の第一人者として活躍。大企業の経営者や経営幹部などからも厚い支持を得る。47年イメージプラン創業、代表取締役社長。著書に『貞観政要講義』（光文社）『超訳孫子の兵法』（三笠書房）『リーダーに大切な「自分の軸」をつくる言葉』（かんき出版）『上に立つ者の度量』（PHP研究所）など多数。

ビジネスリーダーのための老子「道徳経」講義

平成二十九年一月二十五日第一刷発行
令和四年八月三十日第二刷発行

著　者　田口　佳史
発行者　藤尾　秀昭
発行所　致知出版社
〒150-0001東京都渋谷区神宮前四の二十四の九
TEL（〇三）三七九六―二一一一
印刷　㈱ディグ　製本　難波製本

ISBN978-4-8009-1135-3 C0034
ホームページ　http://www.chichi.co.jp
Eメール　books@chichi.co.jp